# Wetterleuchten

Für
Stefan
Cora
Rieke
Pallo
Marvin
Sofie
Nils
Kimby
In Gedenken an Claudia

Luca D'Ortona

# Wetterleuchten

Texte, Gedichte
und Kurzgeschichten

## Über den Autor

Luca D'Ortona wurde 1998 im Ruhrgebiet geboren. Aufgewachsen in Kierspe im malerischen Sauerland fand er früh seine Begeisterung für Geschichten und Gedichte. 2014 präsentierte er zum ersten Mal öffentlich einen Auszug seiner Werke.

Sein erster Gedichtband "Wenn es dunkel wird..." erschien 2016. Im Jahr 2017 folgte die Geschichte "Tagträume", 2020 das Drama „Im letzten Licht".

Seit Oktober 2016 wohnt Luca D'Ortona in Bremen. Texte und Videos zu Lesungen gibt es unter kulturzitronen.blogspot.de und auf Youtube:

Bibliografische Information der Deutschen Nationalbibliothek: Die Deutsche Nationalbibliothek verzeichnet diese Publikation in der Deutschen Nationalbibliografie; detaillierte bibliografische Daten sind im Internet über dnb.dnb.de abrufbar.

© 2022 Luca D'Ortona
Cover: Fynn D'Ortona
Stefan Schulte, Sofie Sperling
Herstellung und Verlag:
BoD – Books on Demand, Norderstedt
ISBN 9783756822294

# Wetterbericht

# 4. Kapitel: Wolken

## Federwolken

## Schleierwolken

# 5. Kapitel: Leuchten

# Prolog

Sonnenlicht im Sonnenlichte
Wort für Wort ergibt sich die Geschichte
in der ich Euch was berichte
es sind größtenteils Gedichte.

Was am Ende dieses Buches steht
ist mir selber noch ganz unklar
was hier steht ist wesentlich erfunden
aber deshalb nicht gleich unwahr
unwahrscheinlich und zugleich
Vergleich ich heimlich
Träume von Tagen
in Lichtern gegen Ende
fünf Gedanken
sprechen Bände
vom Herz in die Hände
prallen gegen Wände
halten Stand
weiße Wand
wird beschrieben
mit dem was hier dann stände
was ich gut fand, was ich gut find
und was ich besser fände
weswegen ich mich an euch wende.
Es beginnt nach diesen Worten
nachdem die letzten Zeilen keuchten
betrachten wir in aller Ruhe
dieses
Wetterleuchten.

# 1. Kapitel

# *Wetter*

Kann Spuren von Emotionen
und persönlichen Erfahrungen
enthalten

NebelNebelNebelNebelNebelNebelNebelNebel
NebelNebelNebelNebelNebelNebelNebelNebel
NebelNebelNebelNebelNebelNebelNebelNebel
NebelNebelNebelNebelNebelNebelNebelNebel
NebelNebelNebelNebelNebelNebelNebelNebel
NebelNebelNebelNebelNebelNebelNebelNebel
NebelNebelNebelNebelNebelNebelNebelNebel
NebelNebelNebelNebelNebelNebelNebelNebel
NebelNebelNebelNebelNebelNebelNebelNebel
NebelNebelNebelNebelNebelNebelNebelNebel
NebelNebelNebelNebelNebelNebelNebelNebel
NebelNebelNebelNebelNebelNebelNebelNebel
NebelNebelNebelNebelNebelNebelNebelNebel
NebelNebelNebelNebelNebelNebelNebelNebel
NebelNebelNebelNebelNebelNebelNebelNebel
NebelNebelNebelNebelNebelNebelNebelNebel
NebelNebelNebelNebelNebelNebelNebelNebel
NebelNebelNebelNebelNebelNebelNebelNebel
NebelNebelNebelNebelNebelNebelNebelNebel
NebelNebelNebelNebelNebelNebelNebelNebel
NebelNebelNebelNebelNebelNebelNebelNebel
NebelNebelNebelNebelNebelNebelNebelNebel
NebelNebelNebelNebelNebelNebelNebelNebel
NebelNebelNebelNebelNebelNebelNebelNebel
NebelNebelNebelNebelNebelNebelNebelNebel
NebelNebelNebelNebelNebelNebelNebelNebel
NebelNebelNebelNebelNebelNebelNebelNebel
NebelNebelNebelNebelNebelNebelNebelNebel
NebelNebelNebelNebelNebelNebelNebelNebel
NebelNebelNebelNebelNebelNebelNebelNebel
NebelNebelNebelNebelNebelNebelNebelNebel
rückwärts gelesen

## 3und20

Werden wir gut regiert?
Werden wir gut unterhalten?

Wer gewinnt den Kampf der besseren Bilder?
Der besseren Fakten?
Der besseren Wahrheit?
Bleibst du zuhause und verschanzt dich?
Jetzt ist 2021, 22, 23

Böse Vorahnungen
stürmen das Kapitol meiner Gedanken.
Schlafend und tobend vergeht die Zeit
Was uns stark machte
waren Herzklopfen und Feuerknistern
viele Kinder schreien
wenn sie das Licht der Welt sehen
kann ich manchmal gut verstehen
aufstehen
im letzten Licht der Abenddämmerung
Tagträume hinter sich gelassen
gelassen in die Zukunft blickend
Uhren unablässig tickend
Grüße mit Emojis schickend
und sie wissen immer mehr
und immer weniger interessiert es uns.
Ich mag Schokokekse, ich akzeptiere sie alle
und alles was ich tu ist, dass ich versuche
Wortstafetten aneinanderzuketten
mit ein paar Netten Etiketten
Etikettenschwindel, Schwindel fliegt auf
lass mich dich retten
ich gehöre nicht auf den Boden
wie gerauchte Zigaretten.

Ich habe im letzten Jahr drei Kilo abgenommen.
Ich weiß, man sieht es mir nicht an.
Andere Dinge geraten vordergründig
in den Hintergrund
genug den Mund aufzumachen
und ein langes Wattestäbchen
in den Rachen zu bekommen
bin ich positiv getestet
wenn es um mich herum doch so negativ wirkt?

Erinnert ihr euch noch?
An irgendwelche schön formulierten Reden
in denen stand
dass man angeblich stolz auf Multikulti war
jetzt sind eure Worte hässlich
wie ein Fiat Multipla.
Und ich fürchte es könnte plötzlich explodieren
wie ein Creeper
Hier wird nicht geböllert
doch seht das Feuerwerk in der Ukraine
und in Lipa.

Es ist richtig vintage
wenn ich in das Auge des Gefechts guck'
Autokraten, Autokinos
und ein kleines bisschen Rechtsruck.
In meinem Kopf bilden sich drei Fragezeichen.
Aber das sind wohl alles Einzelfälle.
Dafür brauchen wir keine Studie.
Steig auf das Surfbrett
bald kommt die nächste Welle.
Ich surfe lieber
in verklärten alten Erinnerungen
bevor der Zug in die Tiefe stürzt
und ein wirklicher Lockdown eintritt.

Du fragst dich ob ich mit diesem Laster
die Klimaziele gefährde?
Mein Laster ist der Alnatura Pesto Verde.
Denk' ich an Deutschland/Europa/die Welt
in der Nacht, dann bin ich um den Schla...
Als ob ich noch regelmäßig durchschlafen kann!

Innerlich verletzlich
doch äußerlich verpetz' ich
den Klassenclown meiner Fantasie
weil er meinen Unterricht stört.
Doch sag mir:
Wann kann ich dich wieder
in meine Arme schließen?
Webcammunikation genießen.
Voller Freude singen stumm
die glücklichen Erinnerungen der letzten Zeit
in einem Hoffnungschor um mich herum.
Und dann füge ich mich ein:
In den Gruppentanz mit Klopapier,
brennenden Lagern
eiskalten Entscheidungsträgern
und der immer noch viel...zu...langsamen...
Internetverbindung
sodass ich das Leben
um mich herum viel zu verpixelt wahrnehme
und alles entlädt sich langsam
in einem undurchdringlichen
bürokratischen Inzidenzwert
meiner Empfindungen.
Doch sas alles sind wir, all das sind wir,
unsere Leben sind jetzt... Gute Frage!
Doch für heute Abend tanz' ich
21, 22, 23.

## Axe Alaska

Wer mich fragt wer ich bin
oder wie ich damals so war
woher kommen deine Worte?
Begründet in diesem einen Orte
das wurde damals mir klar.
Ich hatte vorher schon geschrieben
doch vielleicht wäre es bei dem geblieben.
Lass mich zusammenfassen
was in diesem einen Jahr so geschah
fragst du dich jetzt was war?
Meine Worte kommen aus mir
und aus einem Deo namens
Axe Alaska.

Es begann im Sommer,
alle Farben begleiteten mich morgens
auf dem Weg zum Kindergarten
„sie bewegt sich", sangen sie auf Englisch
und ich trug meinen Helm mit Rad hinauf
begegnete mich in noch jüngeren Jahren
wo etwas sich aufmachte zu etwas Neuem.

Die Sonne schien
ein Duft von Freiheit hing in den Bäumen
und auf den Feldern
Vorboten einer Freude
die ihren Anfang nahm
alle Farben begleiteten mich
im Sommer 2014.

Ich bin 16
um mich herum haben die ersten Zukunftspläne
keine Zahnspange mehr
gerade
sind jetzt meine Zähne
sitze noch
und lehne
in alten Mustern
doch was frisches muss drankommen
doch wusste noch nicht wie
Melancholie nicht nur eine Melodie.

Das Praktikum öffnete den Gedanken
dass die Zeit reif war
eigenständig stand unser letztes Schuljahr
vor der Tür
und danach ein helles Licht
noch in der Ferne
es kam immer näher
doch noch lebten wir uns
Tag für Tag in Tag für Tag.

Freunde tauchten aus Schatten
langsam auf
und in mir hatten
neue Perspektiven aufgeblüht
wie zarte Knospen
Freiheitsdrang zu kosten.

Erst noch unscheinbar zu fassen
Schneckenhaus verlassen
Selbstbewusstsein anprobiert
und es scheint zu passen
es ist nichts passiert
es wurd' passieren lassen

eine Gruppe, unzertrennlich
damals, fühlten uns unendlich
lange gewartet gezweifelt
und endlich
spüre Spuren frischer Wege
alles neu und noch unfassbar
Glücksgefühle mischten sich mit etwas
Axe Alaska.

Ständig durch die Nacht gefahren
wo ein Weg ist, ist ein Wille
braune Augen starren raus
durch eine etwas kleine Brille.
Wir fuhren hier und da
die Freiheit war nachts da
der Himmel Sternenklar
und der Duft von
Axe Alaska.

Muster ziehen auf dem Sportplatz
nachts noch in die Schule rein
fast in der Kurve überschlagen
Risiko unbewusst sein
mit dem Auto durch die Dörfer heizen
Hans Zimmer, Sound zu Madagaskar
und morgens wieder Arme hoch
Geruch von
Axe Alaska.

Alles lang und breit zerredet
große Fragen, große Dramen
führten in Versuchung
in Herrlichkeit umarmen.
Wenn die Fassade der nächtlichen Gedanken
ungeduldig altem
an jenen Tag kratzt
hockten still verharrend
zwei Gestalten
am Altglascontainerparkplatz.

Geparkt mit Blick auf die Dächer
Sprit und Worte geteilt
immer wenn da irgendwas war
nächtelang geredet
und dann morgens
Axe Alaska.

Verwirrte Gefühle
kamen mit der Kühle
der Nächte
wenn die Fenster beschlugen
kurz heruntergekurbelt
und die Winternächte trugen
Sehnsucht - ersehntes Suchen
Reservierungen für Herzen
waren schwer zu buchen
also hadern mit den Rollenbildern
ignorieren von Verkehrsschildern
Vorsätze am Verwildern
und vor Sätzen verrieten schon die Blicke
er spricht leise von Zweifeln
und ich nicke.

Doch eines Abends im Dezember
sah ich sie
das war unfassbar
in meinem bundkarierten Hemd
und einem Sprühstoß
Axe Alaska.

18.
Promille
dumme Witze
sie mir gegenüber
wo ich sitze.
Wenn einmal alles verbliche
im Schmerz und Trost verbliebe
in meinem Kopf die Bilder
meiner ersten großen Liebe.
Wir trafen uns im Februar
wo es eisig kalt und nass war
einsam gemeinsam auf den Feldern
in der Luft ein Hauch
Alaska.

Dann im März
letztes Licht
erster Kuss
das war
Herzklopfen
Hand in Hand
Axe Alaska.

Intensiv die Nächte
und die Tage
irgendwo die Zukunftsfrage.
Plötzlich Schule vorbei
Feiererei
ganz viel Zeit
Schlauchboot an Talsperre
jeden Tag bereit
was zu machen
wenn der Taktgeber deines Handelns
das Pumpen des Bass war
betrunken, stickig
Axe Alaska.

Viele Tage voller Texte,
stets noch etwas oben drauf
dann schlagen wir neue Zelte auf
dann sind wir frei.
Plötzlich war der Sommer vorbei
unsere Wege trennten sich
vor uns die Welt, das Ungewisse
Gänsehaut die sich auf Hände schlich
die sich zum Abschied schüttelten
oder auf den Rücken klopften
alle gegenseitig nur das Glück erhofften.

Es ist der Duft von Axe Alaska
ich brauche nur die Augen schließen
und ich sehe alles was war
und kann es nur genießen.

Lege mich und träume vage
alle Farben und du färbst
dir die letzten Sommertage
am 1. September war es Herbst.

# Rückkehrbesuch

Immer noch ungewohnt
wenn der monotone Ton
der Lautsprecherstimme
meinen Ausstiegsort betont:

„Nächste Station: Kierspe.
Ausstieg in Fahrtichtung links."

Links die Volme
rechts der Wald.
Weiche Bahnsteig, Gegenzug, Halt.
Ausgestiegen, zwei, drei mit mir
Auto parkt am ZOB
bin wohl wieder hier
wieder ir-
gendein diffuses Gefühl
zwischen ankommen
und irgendwie Gast.
Zug fährt ab, ich bin da
habe ich denn was verpasst?

An der Kölner Straße schlängelt sich Leerstand
an Sportbar, an Sportbar, Auto an Auto
und eigentlich nette Gebäude
Werbetafel zeigt „Shoppen in Gummersbach"
was für eine Freude.
Lidl-Parkplatz, ein großes Grau
dahinter der Wald
wo wohl mal das Volk der Schanhollen
gewohnt hat
und die dichten grünen Wälder
die der Borkenkäfer noch einmal verschont hat.

Was läuft in Kierspe?

Ich fühle mich gespalten
die Busse fahren jetzt anders
doch die Züge sie halten
mich fest von Zeit zu Zeit
Berg ab mit 57
Helm auf, E-Bike
Gießelmann samstags
im Petz Bekannte getroffen
Gesamtschulparkplatz Kofferraum offen.

Samstagabend, Brettspielharmonie
Es ist 58566
verklärte Melancholie.
Fühle mich mal wie ein verlorener Sohn
oder Verräter
Grundschulklassenkameraden als Straftäter.
Wolf wird gesichtet
Feuerwehrgerätehaus neu
Haltestelle heißt jetzt "Am Hedberg"
was bleibt mir noch treu?
MZ ändert Layout, sieht jetzt aus wie F.A.Z.
ich ärgere mich, doch insgeheim ist es ganz nett.

Werde ich jemals ganz zurückkehren?
Was hält mich hier fest?
Familie und Freunde
doch was ist der Rest?
Fritz-Linde-Stein im Mondenschein?
In altvertrauter Runde sein?
Durch Wälder wandern im Sonnenlicht?
Kehre ich zurück?

Ich weiß es nicht.

## Lene

Liebe Lene,

du warst in meinem Kindergarten
doch alles was ich aus dieser Zeit
noch von dir wusste
war, dass dein Name komisch klingt.
Lene
wie der Stuhl.
Damals warst du nur ein Mädchen
später fand' ich dich dann cool.

Doch ich habe jetzt erst wirklich bemerkt
was du mir bedeutet hast
und wie du mich beeinflusst hast.
Es hat mich immer beeindruckt
wie du dieser Welt getrotzt hast
und ich weiß nie
ob ich dir das jemals gesagt habe.

Du warst immer anders
in der elitären Provinz
brachtest mir einen Horizont
brachtest deine Sprüche und ich find's
lustig, wie die anderen
als akzeptiertere Andere
in der nicht nur ich dich wähne
trägst schwarz bis etwas Dunkleres gibt
zeichnest Mangas, das ist Lene.

Ich sehe dich vor mir, wie du zeichnest
mir von Videoclips erzählst
nicht die Rolle, nicht den Druck
der Rollenbilder wählst.

Sagtest mir was Feminismus ist
ohne dafür ein Wort zu haben
fragtest mich, was denn mit Christus ist
ohne zu verzagen.
Warst mein Lichtblick im Konfikurs
als überzeugte Atheistin
und war ich einmal traurig, fragtest du mich:
"Na, was ist denn?"

Du sagtest: "Ich hasse Menschen"
doch im Kern das Gegenteil
nahmst mir manchmal wie eine Fremde
am Geschehen der Gegend teil.
Ich sehe dich vor mir, wie du lachst
wie du deine Witze machst
und wie du weintest
wenn du in Mathe wieder eine 5 kassiert hast.

Manchmal war die Welt zu stark
und ich habe dich nie gefragt
nach den Narben auf deinen Unterarmen
Ich weiß nicht ob wir jemals
wirklich Freunde waren.

Erst jetzt wo ich aus Ferne
auf all das blicken kann
merke ich wie die Optik
den Blick so knicken kann.
So möchte ich dir endlich sagen
weil ich mich danach sehne
wo immer du auch bist
von Herzen danke

Lene.

## O.K.

Verzeih mir
denn ich leih' mir
doch meint man es genau hier
eher klau' mir
für einen kleinen Moment
deine Aufmerksamkeit
wo doch jeder kennt
ab da ist es nicht mehr weit
zu einem langen Monolog
doch ich halte mich kurz
wie ein englischer Rasen
verzichte auf hochgradig
tiefgründige Phrasen
und sage dir so war ich jetzt hier steh:
Ich finde dich echt
O.K.

Dein Augen und auch dein Lachen
tun kein Schaden machen.
Auch deine Figur stört mich nicht
akzeptabel ist dein Gesicht.
Deine Art ist ertragbar
deine Meinung hinterfragbar,
politisch sicher tragbar,
und du unterstützt auch nicht RB
also finde ich dich im Grunde relativ
O.K.

Wenn wir uns zufällig mal sehen
vor den Kinosäälen stehen
um danach hineinzugehen.
Wenn wir herumspazieren
auf den Promenaden gepflegt flanieren.
Wenn wir uns auch mal treffen
und Spaß haben
uns im Sommer über das Gras jagen
oder nach einem gemeinsamen Glas fragen.

Wenn wir dann Stunden auf Socken
auf deinem Teppichboden hocken
bis der Himmel sich verdunkelt
und das erste Sternlein funkelt.
Wenn keine Bahn mehr geht
ein Taxi wäre zu teuer
und es wäre schon spät
wenn ich dann heute Nacht
nicht nachhause geh'
fänd ich das im Grunde auch
O.K.

Wenn du die Isomatte nicht findest
dich schon vor Müdigkeit windest.
Wenn auch der Schlafsack grad' nicht da ist
und die Situation im Grunde klar ist.
Wenn du dann meinst
dein Bett wäre auch breit genug für zwei
wäre ich im Grunde
da auch mit dabei.

Wenn du dich dann an mich schmiegst
ich dich ganz nah vor mir seh'
meinen Kopf noch ein Stück
zu dem deinen dreh'.
Wenn deine Lippen meine berühren
und ich fühle, dass ich in Flammen steh'
dann wäre das im Prinzip
O.K.

Wenn wir uns dann lieben
auf alle Arten
die Zeit und das Essen gemeinsam verbraten.
Wenn wir uns fortan immer ein Bett teilen
und gemeinsame Stunden am Kamin
mit heißem Tee
dann wäre das durchaus soweit
O.K.

Falls es dann plötzlich zerbricht
es kommt ein Ende der Schicht
dein Gesicht bleibt mir nicht
nur noch eine geteilte
getrennte Sicht.
Wenn du dann fortgehst
und ich dich nie mehr
wiederseh',
dann wäre es schwer
doch irgendwann
O.K.

## Kontakt wählen

Status unverändert
Pathos unverändert
Gefühle unverändert
du woanders
und verändert.

Handylicht im Stromsparmodus
Screenshot erstellt
und wieder gelöscht
dein Profil in meinem Fokus
bin unzufrieden
doch starre
auf dein Bild
verharre
bin gewillt
dir zu schreiben
doch mache es nicht.

Schriebe dir
schreibe Mist
lösche es
Faustschlag ins Gesicht
betäubte Wangen
Ehrgefühl zurückerlangen
Vorwand gesucht
Vorwand gefunden
im Zimmer verloren
vor Wand gefunden
Stunden um Stunden
zähle Sekunden
reiße mich los
reiß' mich zusammen
mit dir zusammen

bist meine Flamme
doch wir haben keine Flammen
Liebeskummer
gespeicherte Nummer
schau aufs Display
finde keine Ruhe
suche Worte
suche den Schlussstrich
auf der Tastatur.

Chatverläufe
verlaufe mich
in verklärten Erinnerungen
und Empfindungen an dich
Chat: sie schreibt
schätze sie schreibt
nüchtern und trocken
Schätze finde ich weit und breit
keine mehr
antworte kurz
antworte trocken
du hast mich vergessen
wie in Waschmaschinen Socken
Gedanken am Stocken
Schnellwaschprogramm
Gedanken am Schleudern
taumelnd vor Liebe
Schleudergang.

Irgendwann erfind ich mich neu
dann archiviere ich dich
hoffentlich und ignoriere
deine öffentlichen Posts
also vielleicht
doch dieses Level ist nicht maßvoll

und wie der Mars voll
unerreicht
reicht jetzt auch.

Letztes Mal dich betrachtet
unbeachtet unverachtet
bis die Nacht hält
mich in Schach hält
auf morgen verlogen
verschoben
und verfrachtet

Status unverändert
Pathos unverändert
Gefühle unverändert
du woanders
und verändert.

# Ich würde gerne über Liebe schreiben

Ich würde gern über Liebe schreiben

denke ich mir, während ich an meinem viel zu großen Schreibtisch sitze. Vor meinen Augen strahlt die kleine Schreibtischlampe stumm vor sich hin.
Ich weiß nicht, wie es dazu kam. Es war ein Impuls, der aus mir herauskam, ein plötzlicher Drang mich hier hinzusetzen an diesen viel zu großen Schreibtisch und etwas zu Papier zu bringen. Ich fühlte mich auf einmal dazu verpflichtet, ich wollte dir etwas wiedergeben, etwas von dem, was du mir jeden Tag schenkst, den ich mit dir verbringen darf, weil du mich so glücklich machst in jedem Moment, indem ich dich sehe, mit dir schreibe und wir uns ganz nah sind. Immer dann, wenn ich mich so geborgen fühle und mich fallen lassen kann in deine Arme und du mich sanft hältst. Immer dann wünsche ich mir, dir etwas davon zurückgeben zu können. Ich weiß, dass das eigentlich Quatsch ist und ich dir eigentlich schon genug gebe. Aber heute, als ich so sinnend im Einbruch der Dämmerung auf dem Weg nach Hause durch den kalten Schnee stapfte, da fühlte ich es:

Ich würd gerne über Liebe schreiben.

Doch wie soll ich das anstellen?
Ich bin kein begnadeter Schreiberling. Ich bin kein großer Romantiker, kein Dichter, dessen Worte lieblich in der Luft erklingen und den Raum verzaubern in einer Woge der

Unendlichkeit. Ich bin nur ein gewöhnlicher
Mensch.

Ich würde gern über Liebe schreiben.

Klar, würdest du jetzt sagen, es ist doch nicht
schwer über Liebe zu schreiben. Hör sie dir an,
die ganzen Liebeslieder, wie sie klingen voller
Lust und Schmerz, Glückseligkeit und tiefer
Trauer. Sie klingen in der ganzen Welt umher,
man hört sie im Radio, in der Werbung, überall
tönt sie auf einen herab. Es müsste schon längst
alles gesagt sein, was es zu sagen gibt. Trotzdem
schneien täglich neue Bekundungen unseres
Herzens auf uns herein, sie schreien, sie
musizieren, ja sie brüllen gradezu und regnen
auf uns nieder.
Doch all das ist nicht das Wahre. Es wäre nicht
richtig für mich etwas zu nehmen, was jemand
mal jemand anderem oder der Welt gesagt hat.
Ich möchte nicht zitieren.

Ich würde gern über Liebe schreiben.

Ich würde dir gerne sagen können, dass du das
Beste bist, was mir je passiert ist. Dass ich jeden
Morgen am liebsten mit Freuden aus meinem
Bett springen und sofort zu dir fahren würde. So
sehr mag ich dich. Und so sehr vermisse ich dich,
wenn du nicht da bist. Wenn ich abends allein
nachhause fahre, dann fehlst du mir am
meisten. Eine Angst macht sich dann in mir
breit, ein beklemmendes Gefühl. Doch dann
stelle ich mir dein Gesicht vor und wie du neben
mir sitzt in der Bahn, in einem deiner Magazine

lesen, dich mit mir unterhalten würdest oder wir gemeinsam Musik hören. Stundenlang könnte ich dir so gegenüber sitzen und es wäre mir, als würde die Zeit still stehen. Alles was einem vorher noch so unheimlich wichtig vorkam, nun so lächerlich nebensächlich.

Das würde ich dir gerne schreiben und ich würde dir auch schreiben, dass du so unglaublich schön bist. Dass dein Gesicht, mir wie ein Funken aus Gold erscheint. Dass es so wunderschön ist, deine Hand zu halten, ganz vorsichtig und behutsam deine Hand zu nehmen, sie festzuhalten und nie wieder loszulassen.

Dass kein Geruch so schön ist, wie der deinige, wenn wir uns in die Arme schließen und ich ihn aufsauge in mir, den lieblichen Duft deines Körpers vermischt mit einem Ticken Waschpulver und dem sanften Versprechen, welches er mir gibt, der Geruch von Nähe, Geborgenheit, Vertrauen, Hingabe und Genuss. Das alles würd ich dir sagen.

Ich würde gern über Liebe schreiben.

Aber ich scheitere daran, weil ich nicht die richtigen Worte finde. Weil es nicht zu beschreiben ist, weil ich mich nicht würdig finde, dich und was dich ausmacht irgendwie definieren zu wollen. Du bist es einfach, du bist die Verkörperung meiner Liebe über die ich gerne schreiben möchte. Hier, an diesem viel zu großen Schreibtisch vor dieser blendenden kleinen Schreibtischlampe und mit dem einzigen Gedanken, dass ich es nicht schaffe etwas zu notieren, was mir auch nur annähernd

angemessen erscheinen würde,
zu zeigen was ich für dich empfinde.

Darum lass dir gesagt sein,
was ich nicht schaffe dir zu schreiben:

Ich liebe dich
und es pocht laut
in meinem Herzen
wenn ich dich sehe.

Jedes Mal.

## Gedankenimmobilien

Eigentlich wollte ich mal wieder
gerne über Liebe schreiben
und ließ so meine Gedanken treiben
scrollte gedankenverloren
durch den PC ins WWW
und landete, welch Fehler
auf tagesschau.de.

Ich seh' es ja ein
dass hätte alles nicht sein
müssen
suchte eigentlich nur Reime übers Küssen
über Sehnsucht und Leidenschaft
Hingabe und so
doch leider kam mir die Politik dazwischen
und mein Mund so:
"Ich habe plötzlich einiges zu sagen!
Ein paar Aussagen
doch eigentlich mehr Fragen."
So blieben die Liebesverse leer
und ich gehe nun angeblich vorweg
wie ein Energieversorger.

Passt mal auf, das Ruhrgebiet
ist bald der heiße Tipp.
Strukturwandel und so
sieht zum Teil ganz nett aus
neuer Phönixsee
von oben gibt es höflichen Applaus.
Plötzlich ist Dortmund so was wie hip
wieder höflicher Applaus.
Aber die, die die Stadt großgemacht haben
müssen bald hier raus.

So wie in Berlin, Leipzig, Hamburg usw.
hier ist meistens irgendwas verkehrt
wie beim Einstecken von USB
-Sticks
es geht nix
mehr, wenn du es dir nicht leisten kannst
dann wirst du schnell gentrifiziert
und fühlst dich abgeranzt.
Bis zum 30. musst du raus hier
unerwüscht, ein nerviges Haustier
Bananenkartonkisten
Umzugsstress und Umzuglisten
alles einzeln verpackt
wie ein Produkt von Ferrero
und dann wirst du kollektiv verdrängt
wie der Völkermord an den Nama und Herero.

Ich investier'
in Gier
wir bleiben bald nicht länger hier
versuchst das Geld in Meeren zu mehren
und die Moralwellen zu verdrängen
doch ob Wohnraum oder Wasser:
Man spekuliert nicht mit Dingen
an denen Menschenleben hängen.
In den Fängen
des Finanzkapitalismus
doch Kritik am Kapitalismus ist Stuss
wenn keiner ihn hört
oder keiner was versteht
ich verstehe es ja selber nicht
doch ich reime drüber, seht:
Altbauwohnung, kernsaniert
und sie ist längst vergeben
bevor man inseriert.

Pflastersteine fliegen in Connewitz
und es wird behauptet
es kann jeder ganz nach oben schaffen
so'nen Witz.
Damit wir uns nicht falsch verstehen
und ihr was anderes denkt
ein geworfener Pflasterstein auf Polizisten
ist kein Argument.
Und der Polizeipräsident
klatscht für diese Zeile
und so vergisst er den strukturellen Rassismus
in seiner Sparte noch eine Weile.
Eile mit Weile
doch das sind alles Einzelteile
weil ich es versuche
und eine große Problemtorte
in mundgerechte Stücke zerteile
eile
mir zuhilfe
doch eilt zu jenen die keine Stimme haben
Das ist keine theologische Erklärung
doch wir brauchen Erbarmen
wie damals in Barmen
Amen.

Meine Brüder und Schwestern
vom Bodenpersonal
entsenden immerhin
für die unten am Boden Personal.
Euer überhebliches kurzsichtiges
nach unten Blicken ohne Brille
geht mir mächtig auf den Sack!
Jedes Mal
wenn jemand über alle Arbeitslosen sagt
dass sie nur faul sind

stirbt irgendwo ein Pinguin im Frack.
Zack, Zack!
Pinguinblut auf weißem Schnee.
Keine Angst nur eine Metapher
wir tun doch viel lieber Menschen
als Pinguinen weh.

Schau nach oben
du kannst es sehen
denn die Decken sind gläsern
also gemeint ist
dass man denkt, man kommt durch
doch dann läuft man gegen Glas.
Wirst für ein paar Gramm
ganz lang verurteilt
dann säuft man wegen Gras.
Aber das ist ein anderes Thema
ich finde gedanklich nie das was ich suche
wie im Gartencenter Kremer.

Da steht ein Werbeschild
dass allen Chancengleichheit verspricht
und es ist ein Werbeschild
also stimmt die Aussage nicht
so richtig, also je nach Definition von gleich.
Du fragst dich:
„Kommt jetzt das Thema Rassismus?"
Ich sage: "Warte, dass kommt gleich."
Gleich oder gleicher
reich oder reicher
reicht was ich erreicht hab'
oder wünschst du dir meine Texte weicher?

Wenn behauptet wird
Chancengleichheit gibt es endlich
warum sagen dann die meisten Studien:
Bildung ist von der Herkunft abhängig?
Einigkeit und Recht und Ungleichheit
für das deutsche Vaterland
"Ich will mal Arzt werden."
"Ali, halt den Rand!"
Jeder kann es schaffen!
Also jeder weiße hetero Deutscher
ohne Migrationshintergrund
der reich geerbt hat.
Das sind nicht Werthers Echte
das sind echte Leiden, werter Werther.
Deine verlotterte Lotte
macht einen flotten Abgang
irgendwie ist das ein Abgesang
und es macht Buff!
Stell die vor, im Zug steigt eine Party
und der Lokführer ist im Suff.
Früher oder später geht das schief
wie der Lokführer auf dem Heimweg.
Das den Fahrstuhl hoch ist meiner
und dort zum Keller
das ist dein Weg!

Manchmal wenn ich verzweifelt bin
sehe ich kein' Weg
aus diesem ganzen Dilemma
ich halte mir aus Trost
einen Döner ans Ohr
ich höre den Salat
doch es schweigen die Lämmer.

Ich wünschte
alles würde wirklich besser werden
nur durch die Trendfarbe magenta.
Ja, ihr Liberalen
ihr versprüht den Trend da.
Ungleichheit vererben
alle Sterben
einmal
doch nicht alle in Würde
nehmt das auf eure Schultern
tragt des weißen Mannes Bürde.
Komm wir machen Hürdenlauf
nur für die einen ohne Hürde.
Hätte, könnte, würde,
Danke für den Konjunktiv
Das Würde ist unantastbar
Komm mit mir, wir fallen tief
Aber nein, wir liegen schon am Boden
und von oben
betrachtet man irritiert das Winken
dieser vielen Arme
als wären es Oktopoden.
Das ist die Mehrzahl von Oktopus
jetzt ist mit Tiervergleichen Schluss
oder ich mache mich zur Schnecke
Klinge eh' schon wie ne Zecke.
Ich entdecke
leichte Aggression
zumindest deutet darauf
mein leicht aggressiver Ton.

Aber ehrlich,
ich denke die Lage ist gefährlich
und ich denke ich bin fair, ich
kann das ganze nur nicht ständig
in mir brodelnd tragen
darum muss ich das gerade loswerden
auch ohne euch zu fragen
und wer ist wir und wer ist ihr
und wer ist mit du gemeint?
Wir alle oder manche
in Uneinigkeit vereint?
Ich gebe die Frage in den Raum
und sie hallt an den Wänden
ich denke es wird Zeit
dieses Gedicht hier bald mal zu beenden.

Streichen wir den letzten Part
lassen die Farbe noch trocknen
und schauen dumm
wie Fische auf dem Trocknen.
Ihr schmückt die Fassade
doch sägt an dem Fundament
unseres Sozialstaates massiv
es gerät ins Wanken
und steht schon merklich schief
Werft sie zum Fraß vor, im Löwengehege
Nach 20 Stunden Schicht
unterbezahlt in der Pflege
Wir kommen wir nur
aus diesem Grundproblem heraus?
Es reicht bestimmt eine lobende Erwähnung
und etwas Applaus.

Und irgendjemand sagt:
„Hey, ziemlich viel Sozialkritik
für ein Gedicht
findeste nicht?
Steht dir nicht gut zu Gesicht.
Reime doch lieber wieder über Liebeskummer
Drück den Wecker der Rebellion auf
Schlummern!
Was hast du schon zu sagen?
Und außerdem kann Lindner gut reden
und der ist in der FDP
also kann seine Partei
auch nicht so schlecht sein."

Und auf sowas fällst du echt rein?
Gerolsteiner schmeckt auch nicht besser
wenn man es in Colaflaschen abfüllt
und Rosenkohl nicht
und wenn man es in Chipstüten verpackt
und plötzlich kriege ich Hunger
und die Rebellion versackt.

Also geh' ich
wieder sanft reimen oder was leisten
Was schusters ich mir da zurecht?
Junge, bleib bei den Leisten!
Und die Gedanken sie kreisten
und meine Freunde vertrösten
nach Neuseeland, nach Bali, in die USA
und erzählten mir ganz eifrig
wie anders es da war.
Es war klar,
ich kann nicht aus Erfahrung sprechen
Aber hindert mich das bildlich daran
mit den Betroffenen das Brot zu brechen?

Statt wie Besoffen vom Tod
durch Riesefieber zu sprechen?
Wenige Feiern, viele Blechen.
Amerikanischer Traum
was ein Wahlversprechen.

Versprechen tue ich mich manchmal
vielleicht sogar gerade jetzt.
Ich bin mitgefangen in dem Netz
doch groß genug
um wieder rauszuschwimmen
doch oben beginnen
die kleinen Fische
an die Oberfläche
zu schwappen
doch unter der Oberfläche ist es ruhig
wird schon alles klappen.
Letzte Generationen sind laut
weil man ihnen die Zukunft klaut
oder längst geklaut hat
nun heißt es Schach an jedem Tach'
und ich fühle mich plötzlich auch matt.

Damit ende ich etwas ratlos
und sage jetzt nicht
mehr viel denn
ich investiere meine Zeit
jetzt nicht mehr in Texte
sondern in
Gedankenimmobilien.

```
                    Sonne
               Sonne  Sonne
          Sonne  Sonne  Sonne
      Sonne  Sonne  Sonne  Sonne
   Sonne  Sonne  Sonne  Sonne  Sonne
Sonne  Sonne  Sonne  Sonne  Sonne  Sonne
   Sonne  Sonne  Sonne  Sonne  Sonne
      Sonne  Sonne  Sonne  Sonne
          Sonne  Sonne  Sonne
               Sonne  Sonne
                    Sonne
```

schön

## Eure Nähe

Nach allen langen Jahren
ist es endlich nicht mehr uncool
und ich kann wagen es zu sagen:
Ich hatte mal ein Kuscheltier
genauer gesagt zwei
in welchem Bette ich auch schlief
sie waren immer mit dabei.
Lange hatte ich euch vergessen
lange habt ihr dort gesessen.
Doch ich denke, es ist an der Zeit.
Jetzt bin ich bereit
hört gut zu, ihr beiden
die sich an mein liebes Gesicht legten
und die Nächte dort verbleiben
ihn dieses Liebesgedicht
ein echtes Wort zu schreiben.
Endlich nicht mehr die Entschuldigung
sondern eine Huldigung
die ihr verdient habt
weil ich euch so geliebt hab'.

Ihr wart meine Helden
nachts in den dunkeln Nächten
wenn ich träumte
von Gespenstern, Monstern und Verbrechern
wenn ich nachts geschwitzt im Bette lag
und an die Decke starrte
ward ihr bei mir
ward mein Halt
mein Kompass auf der Karte.

Jede Reise
jede einzelne kurze Übernachtung
ihr lagt an meiner Seite
hieltet nachts Wacht und
morgens wenn ich die Augen aufschlug
wart ihr längst schon wach
festgeklammert, vollgejammert
gab es wieder einmal Krach.
Ihr wart einfach immer da
ganz ruhig und selbstverständlich
eure Nähe und Geborgenheit
die wirkten schier unendlich.

Irgendwann wurde es uncool
euch noch mit dabei zu haben
sie verschwanden in meinem Schrank
wo sie neben alten Decken lagen
und die Tage zogen ins Land
ich wurde älter, wuchs heran
und ich brauchte euch nicht mehr,
schließlich war ich jetzt ein Mann.
Doch manchmal in diesen dunklen Nächten
wenn man doch mal aufgewacht ist
weil man träumt und denkt
dass da etwas in der Nacht ist
dass dich bedroht, beobachtet
und deine Freude frisst,
habe ich euch in meinem Inneren
doch noch ein Stück vermisst.

Mein Dank an euch
das ist kein leerer Satz
euch gebührt ein Ehrenplatz
das Kind in mir
das lebt in dir und dir
mit all der schweren Last
die ihr für mich getragen habt
so stelle ich es mir vor
flüstert Mut und Zuversicht
still und leise an mein Ohr.

Hab gespielt, getobt, gelacht
heimlich in euer Fell geweint.
Wir gehören zusammen
auf Ewigkeit vereint.
Egal in welchem Bett
egal an welchem Orte
nach all den langen Jahren
finde ich endlich diese Worte.
Suche ich gedanklich diese Nähe
oder doch die große Weite
auch wenn ich euch längst nicht mehr sehe
ihr bleibt an meiner Seite.

# Wenn ich dich fragte

Als der Lehrer einmal später kam
es war im Sommer, heiß und warm
wurden wir rasch umgesetzt
es wurd geschoben und gehetzt.
Plötzlich saß ich neben dir
und das Schicksal hielt uns hier.

Und wenn ich dich fragte:
"Hatten wir etwas in Mathe auf?"
wollte ich eigentlich fragen: "Liebst du mich?"

Die Sonne habe ich im Winter vermisst
wie sie spätmorgens die Erde wachküsst
freute mich abendlich dich wiederzusehen
endlich wieder in die Schule zu gehen.
Wenn ich zu später Stund' im Bett lag
warst du der Grund für einen guten Tag.

Und wenn ich dich fragte:
"Hast du Bio schon gemacht?"
wollte ich eigentlich fragen: "Liebst du mich?"

So wurde es Frühling
das Licht strahlte länger abends vom Horizont
und ich mit meinen Gefühl'n hing
bei dir und versuchte ganz ungekonnt
mit dir zu reden
hörte, wie deine Worte klingen
mit dir Zeit zu leben, statt sie zu verbringen.
So nah und doch unnahrbar
und die tiefe Sehnsucht war da.

Und wenn ich dich fragte:
"Machen wir das Referat zusammen?"
wollte ich eigentlich fragen: „Liebst du mich?"

Doch meine Zeit lief ab.
Bald saß ich woanders
es hat wohl nicht geklappt.
Am letzten Tag im Sommer
da trat ich leis' hervor.
Zum Abschied schrien Schüler
voll Freude an mein Ohr.
„Schöne Ferien!"
waren meine Worte
als wir uns ein letztes Mal sah'n
heute ist an diesem Orte
die Wiese voller Löwenzahn.

# Dämmerung

In ein sanftes Rot getaucht der Abend
stehe hier auf weiter Flur
mich seufzend an dem Blicke labend
eines fehlte mir jetzt nur.

Mit dir jetzt hier zu stehen
warme Luft wie in Italien
gemeinsam Felder entlangzusehen
am Himmel unsre Initialien.

Ach wohntest du nur nicht so fern
weit weg der Zimmer ferner Schei
käm' ich jeden Abend gern
nur um dann bei dir zu sein.

Würde mit dir hinaus aufs Feld
Arm in Arm, bis ich die Sonne seh'
in Frieden liegt die ganze Welt,
vermisse dich, während ich hier steh.

## Nachtfalter

Bin ich noch der von damals?
Wer ist dieser Mensch, den du mal geliebt hast?
Du hast dich/mich/nicht verändert?

So suchen wir beide unseren Platz in der Welt
unter fremden Decken schauen
auf der Suche und der Erinnerung
nach einem Gefühl, dass mal da war.

Wenn uns abends ein Moment
der losen Gedanken bleibt
daran denken, was der andere wohl grade treibt
ob er zufrieden ist
sie glücklich ist, da wo sie grade liegt
die Decken werden einem langsam vertrauter
oder bleiben doch immer wieder unbekannt
so wie die Suche nach dem was war
der Sehnsucht nach etwas Neuem
im Alten eingebettet.

Jetzt hineingeworfen!
Lass uns fliegen und tanzen!
Unausgesprochene Wörter
und unverbindliche Nachtfalter
flattern über uns unseren Köpfen
und unsere Blicke sind flammendes Lächeln.
Hör bitte nicht auf mich so anzusehen
bleib still stehen
lass uns berührende Gedanken
einfach aussprechen
aus Sprechen ins Lachen wechseln
und dann schweigen
sprachlos, wenn wir uns küssen.

Wolken tanzen Formationen
Wolken bewegen sich am Boden
flackerndes Licht
lachen auf Gesicht
sprachlos, wenn wir uns küssen.

Lassen die Worte leichter fallen
als alles andere.

Ich stelle mir vor
du hättest mich nicht abgewiesen
wir wären uns nah gewesen
leise Bewegungen uns begleiten
verstummende Gedanken.

Hätte ich dir nur in der einen Nacht
als alles um uns ruhte
gesagt, dass im Moment du das einzige bist
was ich begehre
und hätte ich die richtigen Worte dafür gefunden
um dich zu lieben
zumindest für diese schönen Augenblicke.

Dann wäre es im nachhinein
auch nicht so schwer gewesen
dich nicht nachträglich
mit Nachrichten zuzutexten
und lediglich einen netten, harmlosen
Wortwechsel zu erzeugen
denn dann wüsste ich,
ich habe es in dieser Nacht gesagt:

Ich fühl mich gut
wenn du jetzt grade hier bei mir bist.

## Warum ich tanze

Ihr meint ich wäre seltsam
bin nicht so zu eurer Welt zahm
wie ihr es von mir erwartet habt,
wenn ihr euch kess den Kopf zermartert habt.
Warum ich mich gelegentlich wesentlich
darauf fokussiere, alle viere von mir zu legen
mich zu regen, wie ein Regenwurm im Regen
in schier unbegreifbaren Bewegungen
und Windungen
Regungen und Findungen
allerhand Choreographien,
wie alte Fotografien meiner selbst
als mich für's ganze
kurz gesagt: Ihr fragt euch, warum ich tanze.

Um eine Antwort zu erhalten
müsste ich mich erst verwalten
erkalten
richtig schalten
und die alten
unwichtigen Dinge entfernen
denn nur wenn ich neue Lieder singe
kann ich davon lernen.
Die Eigenheit
mit welcher ich solche Aktivitäten begehe
ist soweit ich sehe
nur, dass ich zu mir stehe
oder es zumindest gedenke
mir jeden Moment schenke
und ihn dann vollkommen
in einer Senke versenke
so beschreibt sich meine Kür im allgemein'
sehe sie als eine Tür zum sein

die sich kurz öffnet
wie Werbung auf einer Seite
so mache ich mich auf und suche das Weite.
Suche es im Verborgenen, in den kleinen Dingen
höre den Takt sich bewegen
und die Melodien singen.
Fühle die reine Lust
mich in Schwingung zu bringen
alles zu erklingen
und erklingen zu lassen
mir wird heiß und kalt
wie Kaffee in Tassen.
So wie ich zwischendurch die Feten wechsel
ich brauche den Tapetenwechsel.
Die Luft hierdrin ist dick
wie nach einem Ehekrach
ich brauche ganz viel Sauerstoff
steige auf das höchste Dach.
Von dort können sie mich fix rufen
um mit mir geh'n
ich drehe auf wie ein Thermomix auf Stufe 10.
Abfeiern ist für mich nicht nur eine Phrase
ich tanze meinen Namen
und das Wort Extase.
Schüttel meine Glieder wie eine Lostrommel
bevor ich den Beat aufdrehe
und wie Stomp los trommel'.
Mein Dasein verwandelt sich
in einen Rhythmus,
in dem ich mich verliere
bis ich wieder zurück muss.
Das Vergessen von gestern
häuft sich im heute
jedes Mal wenn ich zuviel bekomme
gehe ich unter Leute

die ebenfalls so sind
die sich schütteln
um zu vergessen
haben zu lange da gesessen
zu versessen sich zu stressen
alte Fesseln mit falschem Stolz abzuschütteln
sich in den Sessel zu setzen
sich wie Holz
unter einem kochenden Kessel zu zersetzen.
Vielleicht sind wir kleinlich
doch es ist wenigstens nicht so peinlich
wie nur da zu steh'n
zuzuseh'n
anstatt wegzugeh'n
und sich einzugesteh'n
dass man selber so wie sie wäre
wenn da nicht dieses Visier wäre
dass uns hemmt
Dinge zu tun
die uns am Herzen liegen
wie die Brust
am Ende passiert nichts
und die Schmerzen siegen
wie die Frust.
Da lasse ich mich lieber vorführen
will meine Eskapaden fortführen
als mich einzusperren
wegzuzerren
von dem was meine Seele füllt
und so tanze ich die ganze Nacht
weil es mich so mit Leben füllt.

## Eigentlich

Eigentlich
wollte ich mich
nur mal kurz bedanken,
für den Drink auf der Party
und das Geld leihen für's Tanken.
Und für Dinge, die ich tat die
naja, die sanken
eher so unter Kloschüsselniveau
über welcher ich auch später hing
denn so
sehr habe ich mich volllaufen lassen
mit allem, vor allen
doch eigentlich vor allem
um dir zu gefallen, zu imponieren
begann ich all diese Drinks zu konsumieren
zu krallen
alles was ich nur trinken konnte
doch frag ich mich
wie tief ich
dabei nur sinken konnte
vor Kotze triefend rief ich dich,
doch vor meinen Augen liefen nicht
du oder deine Freunde vorbei
sondern nur der Inhalt meiner Mageninnereien.

Ich sollte dir die ganzen Details auch ersparen
eigentlich sollst du lediglich erfahren
dass ich dir dankbar bin
dass du dich um mich gesorgt hast
und es nicht einem dieser Machos besorgt hast
die dich wild umgarnt haben
mit ihren Armen angegraben haben
um sich an deinem erhabenen Abendkleid

zu laben
meiner Meinung nach
trieben sie es zu weit
denn sie haben
dich nicht als das gesehen,
als das ich dich sofort erkannte
als eine mir plötzlich bekannte
Seelenverwandte
und so rannte
ich in deine Nähe
und als ich dann so vor die stehe
seh', welche Fee
dein Gesicht verzaubert hat
gehen alle Geister mit mir durch
denn nichts hat,
mich bisher so verzaubert
wie so etwas mit meinen Augen zu erfassen
daher konnte ich die meinen
nicht mehr von deinen lassen.
Wie auf dem Teppich der Harmonie,
spielte eine Symphonie eine Anmutstrilogie
auf deine Schönheit
und Vollkommenheit
und weil ihr schönen Augenblicke
auch jetzt noch nicht veronnen seid
wollte ich dich eigentlich fragen:
Wollen wir uns wiedersehen?

Das war so nicht beabsichtigt,
sorry, das war flapsig, ich
wollte das jetzt nicht so nach außen tragen
dich nach einem Treffen
zwischen uns beiden zu fragen.
Eigentlich wollte ich nur danke sagen
und hören wie es dir so geht

wer und was heute in deinem Kalender
und vor deiner Haustür steht
was so geht eben
man steht im Leben
und plötzlich reißt es einen mit
das wollte ich versuchen mit
dir zu teilen
Schritt für Schritt
bevor mir die Worte nun enteilen
sag ich nochmal:

Was ich dir eigentlich sagen wollte
war eigentlich nicht sehr viel
nur ein paar warme Worte
und ein paar Fragen
doch ich merkte mit der Zeit
wie etwas in mir nach dir rief.
So lieg ich hier auf meinem Bett
und schreibe meinen ersten Liebesbrief.

## Hype

Das Gefühl danach
noch wie betäubt
ein Schatten noch empfunden
wir schauten uns noch
um Wunden
zu bepflastern
Erinnerungen zu bewässern
es kam aus dem Nichts und wieder nichts
an uns durch irgendwelchen Stress an.

Es war wie ein Rausch
und ein Empfinden
so stark
dass alle dachten
es kann nicht anders werden
und Gedankenwolken wachten
über unseren Köpfen, in unseren Gesichtern
fühlte sich alles in diesen Tagen
dicht an dicht an.

Irgendwann war es das letzte Mal so intensiv
ohne dass du es in dem Moment gewusst hast
und alles nur aus Lust machst
als alles nach uns rief.

## Schlaf gut

Schlaf gut
auch wenn
ich selber kein Auge zukriege
in Gedanken liege
ich an deiner Seite, denn
du bist mein erster Gedanke,
wenn ich ein Liebeslied im Radio höre.
Nicht umsonst steckt ein "Danke"
in Gedanken
denn sie helfen mir
wieder Kraft zu tanken
wenn alle Gedanken wanken
sich die Freude senkt wie Schranken.
Dann bist du hier
bei mir
oder ich bin bei dir
halte dich in meinen Armen
fühle deinen warmen
Körper neben mir
wie er sich hebt und senkt
und den Gedanken wie er denkt
und der Dank
dass du mir warst geschenkt.
So mögest du immer so friedlich
und zufrieden sein
wie jetzt, wenn deine Augen niedlich
verschlossen und klein
den Pfad der Träume gehen.
Schlaf gut
bis wir uns mal wieder sehen.

RRRRRRRRRRRRRRRRRRRRRRRRRRRRRRRRRRRRRRRRR
EEEEEEEEEEEEEEEEEEEEEEEEEEEEEEEEEEEEEEEEE
GGGGGGGGGGGGGGGGGGGGGGGGGGGGGGGGGGGGGGGGG
EEEEEEEEEEEEEEEEEEEEEEEEEEEEEEEEEEEEEEEEE
NNNNNNNNNNNNNNNNNNNNNNNNNNNNNNNNNNNNNNNNN
RRRRRRRRRRRRRRRRRRRRRRRRRRRRRRRRRRRRRRRRR
EEEEEEEEEEEEEEEEEEEEEEEEEEEEEEEEEEEEEEEEE
GGGGGGGGGGGGGGGGGGGGGGGGGGGGGGGGGGGGGGGGG
EEEEEEEEEEEEEEEEEEEEEEEEEEEEEEEEEEEEEEEEE
NNNNNNNNNNNNNNNNNNNNNNNNNNNNNNNNNNNNNNNNN
RRRRRRRRRRRRRRRRRRRRRRRRRRRRRRRRRRRRRRRRR
EEEEEEEEEEEEEEEEEEEEEEEEEEEEEEEEEEEEEEEEE
GGGGGGGGGGGGGGGGGGGGGGGGGGGGGGGGGGGGGGGGG
EEEEEEEEEEEEEEEEEEEEEEEEEEEEEEEEEEEEEEEEE
NNNNNNNNNNNNNNNNNNNNNNNNNNNNNNNNNNNNNNNNN
RRRRRRRRRRRRRRRRRRRRRRRRRRRRRRRRRRRRRRRRR
EEEEEEEEEEEEEEEEEEEEEEEEEEEEEEEEEEEEEEEEE
GGGGGGGGGGGGGGGGGGGGGGGGGGGGGGGGGGGGGGGGG
EEEEEEEEEEEEEEEEEEEEEEEEEEEEEEEEEEEEEEEEE
NNNNNNNNNNNNNNNNNNNNNNNNNNNNNNNNNNNNNNNNN
RRRRRRRRRRRRRRRRRRRRRRRRRRRRRRRRRRRRRRRRR
EEEEEEEEEEEEEEEEEEEEEEEEEEEEEEEEEEEEEEEEE
GGGGGGGGGGGGGGGGGGGGGGGGGGGGGGGGGGGGGGGGG
EEEEEEEEEEEEEEEEEEEEEEEEEEEEEEEEEEEEEEEEE
NNNNNNNNNNNNNNNNNNNNNNNNNNNNNNNNNNNNNNNNN
RRRRRRRRRRRRRRRRRRRRRRRRRRRRRRRRRRRRRRRRR
EEEEEEEEEEEEEEEEEEEEEEEEEEEEEEEEEEEEEEEEE
GGGGGGGGGGGGGGGGGGGGGGGGGGGGGGGGGGGGGGGGG
EEEEEEEEEEEEEEEEEEEEEEEEEEEEEEEEEEEEEEEEE
NNNNNNNNNNNNNNNNNNNNNNNNNNNNNNNNNNNNNNNNN

T    R    Ä    N    E    N

# Melancholin

Eine Dosis Melancholin
zieht in die Adern
und ich spüre wie es wirkt
so zerbrechlich
dass ich nicht wüsste
was es sonst noch gibt.
Der Moment war unserer
verträumt, vertraut und intim
ich trauer die hinterher
und in mir drin
verteilt sich Melancholin.

Es wird vertickt
und ausgeschüttet
schon beginnt der Rausch
00:47 Uhr
Bewusstsein im Tausch
und Frustsein hört auf
Reime werden unrein
und hören allmählich auf.

Gib mir Melancholin
schlaflose Stunden
nur noch einmal
ich komme schon über die Runden.

Lass mich spüren
wie es sich in meinem Blut verteilt
der Anspruch der Realität enteilt
verweilt es in sehnsüchtigen
Angesichtern
an Gesichtern vorbei
die doch bei allem noch nicht waren.

Nicht abhängig
hänge doch nur ab und zu
der einen oder anderen Gelegenheit
du
bist außerdem außer dem einen
noch die ganzen anderen Gründe
eine Selbstschutzanlage
und der Gedankenfluss münde
im Meer
und wird unbedeutend
klein
und es fließt Melancholin
Gedanken sind dein
allein.

## Kein Moment

Was uns stark machte
waren Herzklopfen und Feuerknistern
war der Klang der Stille in dunklen Räumen
das Geräusch von Zahnbürsten im Dämmerlicht
der Laut von hellen Klängen
verschwamm zu unseren Klanggeräuschlauten.
Ein rastloses Treiben
und ein genügsames Verweilen.
Und ich habe gedacht,
dass es schwächer wird
dass sich stets neues über das Alte gebiert
Zweifel sich einnisten
die zunächst wie kleine Vöglein klingen
doch über uns leise vom Ende singen.
So geschah es und mir war es
nicht neu
ein alter Bekannter aus fernen Tagen
die Sorgen auf weichen Kissen tragen.
Nächte
getragen von melancholischen Silben
und stillem Leuchten ferner Lichter
am offenen Fenster.
Ich sehnte dir zu folgen
wenn auch nur zeitweise
und jedes Mal war es wie eine kleine Zeitreise.
Am Anfang befremdlich
doch bald endlich
Vertrauen
und ein stumm verlegenes
in die Augen schauen.

Was uns stark machte
war die Sprache
und dass alles zu ihr kam
nicht ständig, doch beständig
wie ein Sommersonnenschein, so warm.
Danke dafür
noch erscheinst du vor mir
doch bald hast du die Flügel
wieder weit ausgespannt
um der Sonne entgegenzufliegen.
Zurückblieb ein Gefühl
Zweifel, neue Wege und Irrpfade
doch jedesmal wenn ich dich wiedersah
nach langer Zeit
war es wie ganz am Anfang
treiben Wege dich auch weit
wie die Flüsse Wasser ziehen
wie Wind die Blätter treibt
wie sich, wenn das Glück eintritt
Schornsteinfegerruß auf den Teppichen verteilt.


Doch dann ist es doch eingetreten!
Trotz weinen und beten!
Eingetreten in die Herzkammern
die den Scherz jammern
und als du weg warst blieb
der herzklopfender
Schmerz trotzdem da!

Eng umschlungen
mitgesungen
aller Lieder
farbenfroher Werke
abgeklungen
wieder und wieder
merke
dass nun die Stille mich erdrückt
und mein Körper nachts zur leeren Seite
meines Bettes rückt.
Und ich spüre ihn kaum
den Freiraum
doch dafür kommt da oft ein Traum
Nacht für Nacht vor
als wäre der Mond nun dein Freund
und nicht mehr der
der jetzt allein
im Mondschein von dir träumt.
Ich habe noch einen Pulli von dir
du vergaßest ihn einst hier
und ich halte ihn in der Hand
und stelle mir vor
du würdest mich damit umarmen.
Du bist weg
doch der Papagei in meinem Kopf
krächzt immer noch deinen Namen.

Und alle Gedanken schreien:
Ihr habt uns nichts angetan!
Lasst nicht zu
dass mir irgendetwas genommen wird!
Kein Moment hat es nicht verdient
alles soll wertvoll verwahrt werden
bei mir
und dann heißt wieder so mal eben hier:

Wie geht es dir?
Wie geht es mir?
Danke, gut und dir?
Alles klar, ja, läuft bei mir.
Ja, läuft bei mir!
Doch es läuft nur
darauf hinaus
und darüber hinaus
und darüber hinüber
wo du warst
was du brauchst
werd ich gefragt
ich möchte raus
hab ich gesagt.
Auf einsamen Waldwegen
die bald wegen
Kaltregen
matschig und nass
meine Schuhe schmutzig machen
und ich denke irgendwas
müsste mich doch stutzig machen.
Hat sich die Wut in mir verkrochen
oder ist sie ausgebrochen
und steckt mir nicht so in den Knochen
wie die dauerhafte Präsenz
deiner Existenz
in Alltagsmomenten
die sich nicht
mithilfe eines Schalters abwenden lassen?
Nein, ich will nicht hassen
denn ich habe keinen Grund dazu
alles andere als ungesund warst du.
Du hast in mir zum Vorschein gebracht
was ich bisher immer nur vor einem
verschlossenen Tor klein gemacht

hast das Tor geöffnet
und rausgeholt was sich darin befand
warst wie Sand
der sich im Winter auf Schienen befand.

Und es ist schwer dir das zu sagen
losgelöst von den letzten Tagen
doch ich würde wieder und wieder den Schmerz
anstatt der Einsamkeit wählen
und das sagt sich so leicht wenn man sich
ablenkt und neu denkt
doch ich kann mich nicht belügen
weil ein Teil von mir weiterhin treu denkt
und dich wie eine gute Rede
nicht abgeschrieben hat
sondern jede Sicht knapp verblieben hat.

Also gehe ich
und sehe dich
zwischen freundschaftlich entspannt
und zwischendurch
berühre ich gedanklich deine Hand
weil ich weiß, wie mein Gewissen
Sich in der Hocke in seiner Retrospektive sieht
und an der Türglocke
seiner Initiative zieht
und ich bin auf dem Weg diese Tür zu öffnen
doch ich bin mir nicht sicher
ob der Schlüssel passen wird
weil mich das Gefühl mit dir
noch nicht verlassen wird.
Bis dahin verweile ich in Gefilden
die mir nicht bekannt sind
und doch jenseits von Wasser und Land sind.

Dir selbst habe ich bereits alles gesagt
denn die Dankbarkeit
treibt mich dankbar weit
und ich wiederhole innerlich
was ich fühlen möchte
damit die Tür geöffnet wird
auf eine Weise
und so beschließe ich gedanklich
das Ende der Reise:

Nichts verliert seinen Wert
nichts soll trüben all die klaren Zeiten
doch er übt sich noch in wahren Weiten
ausmessen um das Ausmaß zu begreifen
um nach vorne blickend
wie Sternschnuppen zu schweifen.
Bald dämmert es
doch erst noch eine kleine Weile tanzen.
Kein Moment ist verloren
Alles bleibt ein Teil des Ganzen!

## In einer anderen Welt

Manchmal denke ich
dass diese Welt
gar nicht so sein kann
wie sie ist.
So viele falsche Bilder
haben sich darin breitgemacht
an den schlechten Witzen
hat man sich leidgelacht
eigentlich so
dass es nicht sein kann.

Vielleicht ist es gar nicht das
was mir gefällt
deshalb denke ich gelegentlich
an diese andere Welt.

In einer anderen Welt
haben wir uns nicht getrennt.
In einer anderen Welt
ist noch alles wie man es kennt.
In einer anderen Welt
scheint die Sonne durch verlogene Fenster
doch sie scheint
und deshalb ist diese Welt so schön.

Denn darin liegen wir weiterhin
Zentimeter an Zentimeter aneinander
bedeckt von einer einzigen breiten Decke
auf unserer eigenen Zuneigung gebettet
und sehen uns nicht mehr nur
aus der Entfernung
sondern direkt ganz tief in die...

Augenblick!
In dieser Welt gibt es keine Augenblicke mehr
weil deine Augen
meine Blicke nicht mehr treffen
ebenso wenig wie wir uns zusammen
nun verbannen.
Die alte Welt zerfällt mit jedem Augenblick
den es nicht mehr gibt
und es bröckelt
was mich ausmachte
es bröckelt was mich hält
alte Liebe, alte Lügen, alte Träume, alte Welt.

Die Ratten haben das sinkende Schiff
bereits verlassen
aber wo bitteschön sind sie denn hingegangen
hier mitten auf dem Wasser?
Wie soll ich ein Schiff verlassen
das mitten auf Wassermassen treibt
und somit mit mir mit mehr und Meer verbleibt?

Eigentlich nutze ich diese Metaphern
Vergleiche
Bilder nur
um darüber hinwegzutäuschen
weil ich mir wünsche
dass du noch bei mir wärst
weil du mir fehlst.
Wirklich.
Du
fehlst
Mir!
Oder zumindest die alte Zeit
Also seien wir ehrlich:

Es ist mit Sicherheit nicht das
was mir gefällt
so hänge ich fest in dem
was mich behaglich hält
sich um mich zieht
und Regen abhält wie ein Zelt
wenn sich am Horizont
vielleicht alles ganz verstellt
dann kehrt er zurück ins neue
wie ein Abenteuerheld
bis dahin denkt er noch gelegentlich
an diese andere Welt.

In einer anderen Welt
haben wir uns nicht getrennt.
In einer anderen Welt
ist noch alles wie man es kennt.
In einer anderen Welt
scheint die Sonne durch verlogene Fenster
doch sie scheint
und deshalb ist diese Welt so schön

Sich selber einreden
dass da Gefühle waren
obwohl man es eigentlich besser wusste
sich vorgestellt und sich vorgestellt
da gegenüber ist der Mensch
den man gerne vor sich sehen würde.
In einer anderen Welt
meiner Erinnerungen
fühlte es sich wie Liebe an
und nicht wie gieriges Austauschen
von Körperflüssigkeiten
eine klebrige Angelegenheit
voller Hektik und falscher Hingabe.

Mach mich rein
habe ich gesagt
während ich in den Schlamm stieg
und dort eine Schlacht austrug
die man nicht gewinnen konnte.

Augen senkten sich
die Hand schob sich davor
und Augenblicke versanken
den Boden
angerichtet
habe ich so eine Menge
sagte ich mir, während meine innere Vorstellung
im Selbstmitleidsstrudel ins Straucheln geriet

Die Vorstellung
dass es da noch eine andere Welt gibt
irgendwie von gehört, doch immer so fern.
Übernommene Theorien als Wahrheit
beschwört, das glaube ich gern.
Glaube so fern.
Trage die Liebe in mir.
Erschöpfung der Schöpfung
wer ist dumm?
Paralleluniversum.

Ich werde nie so denken können
weil meine Sichtung in Richtung beschränkt ist
doch vielleicht kannst du sagen, mir erzählen
mir beschreiben wie es dort aussieht.
Wonach duften die Blumen in deiner Welt?
Welche Farbe hat der Sommer?
Wie klingen die Vögel
die in den Bäumen zwitschern?
Ich möchte gerne verstehen.

## Trennung

Gestorben ist heute unsere Zeit
gealtert schon seit langem
so wie sie, so bist auch du
für immer fortgegangen.

Das Glück in meinen Armen
ging fort, so wie der Duft
deines Körpers und der warmen
Gefühle in der Luft.

Das Lachen und die Augenblicke
wo wir den Mund uns teilten
die Briefe, welche ich dir schicke
sie alle uns enteilten.

Nun teile ich mein großes Bett
nur noch mit meinen Kissen
alle sind so furchtbar nett
doch mir geht es beschissen.

## Zweifel in der Eifel

Bremen:
Ich sollte mich was schämen
bin auf dem Besuch zu dir
doch fluche hier
und zweifel
auf dem Weg Richtung Eifel.
Da kommst du her
doch lebst jetzt in Koblenz
der Anfang unserer Beziehung
war schön, so wie Florenz
doch jetzt sind wir irgendwie Daun.

Osnabrück:
Ich nähere mich Stück für Stück
und frage mich, ist das noch Glück
zwischen uns beiden?
Oder steht mittlerweile zu viel
zwischen uns beiden?

Münster in Westfalen:
Sehe uns voneinander wegfahren
weniger Freude, mehr und mehr Qualen
unsere gemeinsame Zeit ein Meer von Zahlen
ich muss entscheiden, es sind
Kardiologiewahlen.

Ungewollter Zwischenstopp
Halt auf freier Strecke
ich entdecke
ich nahm mit dir
schon zu vieles in Kauf
Verzögerungen im Betriebsablauf.

Dortmund:
Dort Mund an Mund so viele Nacht
machtest mich gesund, gabst auf mich acht.
Doch ich glaube, jetzt ist Schicht im Schacht.

Bochum:
Ich komm aus dir und deinem Einfluss
so schnell doch nicht heraus
ich häng' an dir
doch ich glaube
es hört das Glück auf.

Essen:
Noch immer trage ich unser erstes Essen
in meinem Herzen uvergessen
doch Essen ist nun nur verbunden mit Stressen
und damit meine ich nicht diese Stadt
eigentlich habe ich es satt.

Duisburg:
In der Ferne sehe ich Ruhrort
einst warst du mein Ruheort
dahinter kommt dann Meiderich
doch mittlerweile meide ich dich.

Düsseldorf:
Meine Gedanken sind mehr und mehr
am Schlingern in Flingern
suchte mir schon bei meinem Freund Ben Rat
so denke ich, fahrend durch Benrath.
Er sagte mir Dinge, die ich selber schon sah
ist unsere Beziehung noch ein sein
oder viel mehr ein war?

Köln:
Du rückst näher und noch immer
ist es mir nicht klar
wie aus dir werd' ich nicht schlau
und das schon sehr lange
ich schaue raus auf die Stadt mit K
du hypnotisierst
und die Typen stehen bei dir Schlange
ich bin Mowgli, du bist Kaa.

Bonn:
Oder laufe ich davon?
Ich bin noch am Grüblen
schon sind wir in Bonn, denn
gibt es noch eine Zukunft
dass wir zwei wieder bonden?
Ist für unsere Beziehung
noch keine Zeit zu sterben
oder doch wie bei James Bond?
Werden wir das Glück noch erben
dort am Horinzont?

Koblenz:
Nun treffen wir uns
treffen sich Mosel und Rhein
ich sollte reinen Tisch machen.
Das letzte Stück auf dem Weg in die Eifel
so viel nachgedacht und noch immer die Zweifel.
Du stehst vor dem Bahnhofsplatz
wir umarmen uns
du sagst: „Hallo Schatz!"
Du gibst mir einen Kuss.
Mache ich nichts
oder mache ich...?

## Hier um zu gehen

Das letzte Mal
bringe ich den Müll für dich raus.
Das letzte Mal
gehe ich bei dir ein und aus.
Das letzte Mal
streichel ich deine Katze.
Das letzte Mal
ziehe ich eine falsche Fratze.
Das letzte Mal
mache ich mir vor
ich würde die Probleme nicht sehen.
Doch in Wirklichkeit
bin ich hier um zu gehen.

Das letzte Mal stelle ich
meine Schuhe neben deinen.
Das letzte Mal sind deine Küsse
auch die meinen.
Das letzte Mal
höre ich die Dielen knarren.
Das letzte Mal
die traurigen Lieder der Gitarren.
Das letzte Mal
hältst du meine Hand
als wäre sie ein Kompass
doch er zeigt nicht mehr nach Norden
weder nach Süden
oder sonst was.

Ich mache mir noch einmal vor
ich hätte noch nicht alles gesehen
doch in Wirklichkeit gehe ich im Kreis
ich bin hier um zu gehen.
Kein Weg führt mich zurück
alles Schöne verträumt
hatten die Möglichkeit zu fliegen
aber haben es versäumt.
Noch einmal werde ich
vor deiner Haustür stehen
und du wirst mir öffnen
doch dann werde ich gehen.

Das letzte Mal
kochen wir gemeinsam.
Das letzte Mal
ist Zweisamkeit so einsam.
Das letzte Mal
räumen wir auf.
Das letzte Mal
trage ich meine Tasche zu dir rauf.
Das letzte Mal
möchte ich in deinem Garten
die Bäume wehen sehen.
Doch in Wirklichkeit
bin ich hier um zu gehen.

Das letzte Mal
sage ich dir „Gute Nacht".
Das letzte Mal
halte ich an deiner Seite wacht.
Das letzte Mal
hallt deine Stimme nach, in der Dunkelheit
sie ist fast verstummt
wie sie so alleine im Dunkel weilt.

Ich mache mir noch einmal vor
ich hätte noch nicht alles gesehen
doch in Wirklichkeit gehe ich im Kreis
ich bin hier um zu gehen.
Kein Weg führt mich zurück
alles Schöne verträumt
hatten die Möglichkeit zu fliegen
aber haben es versäumt.
Noch einmal werde ich
vor deiner Haustür stehen
und du wirst mir öffnen
doch dann werde ich gehen.

Am nächsten Morgen
begleitest du mich dann ein letztes Mal hinaus.
Der Himmel ist trübe, wir beide blicken raus.
Ich nehme meine Tasche
die Erinnerungen
verstaue sie fest.
Weil selbst das klare Ende
mich nicht ziehen lässt.
"Bis zum nächsten Mal" sagen wir beide
und wissen
dass es nicht stimmt.
Ich halte dich ein letztes Mal im Arm
der Docht verglimmt.
Ein Blick
die Tür
die Stufen
dann fahre ich davon

und komme nie wieder an.

## Auf Fotos lachen

Schlafend und tobend vergeht die Zeit

der Himmel reißt auf

als sie dich betten

schlafend tobend

wir stehen weit

von dir

in Trauerketten.


Auf der Bühne inspiriert

deiner Texte tiefe Fragen

die offenbar und involviert

mehr handeln als sie sagen.


Nicht nah bei dir

am Punkt des Abschieds

deine Worte bleiben

schlafend und tobend vergeht die Zeit

um stimmungsvoll zu treiben.

Ich habe letzte Nacht geträumt
dass ich ein Vogel sei.
Ich flog hoch
fast bis zu den Wolken
und sah alles von weiter Ferne.
Schlafend und tobend vergeht die Zeit.

Früher war eine andere Zeit
früher waren die Gedanken nah
und die Zukunft noch so weit.
Dann warst du weg
und ich stand da
ungeschickt
wie die Hilferufe
die du vielleicht nie abgeschickt hast
oder vielleicht doch
und keiner hat sie gehört?
Um ehrlich zu sein
ich habe keine Ahnung
was dich beschäftigt hat.

Ich sehe nur das Endprodukt
sehe dich markiert auf Bildern
die dort wo sie keiner mehr beachtet
kommentiert verwildern.
Du wirkst auf jedem Foto glücklich
heute weiß ich
du warst es nicht
doch ein Lachen umspielt trügerisch
auf allen Fotos dein Gesicht
wie ein hoffnungsvoller Traum
bis du wieder mal aufwachst.
Wie kannst du innerlich kaputt sein
wenn du auf allen Fotos lachst?

Eine Antwort erscheint erst einfach:
Maske auf und weggeduckt
doch was ging in dir vor
wann hast du erschreckt geguckt?
Davon gibt es keine Fotos
wohl die einsamsten Momente
keine Filter, keine Freude
keine opulente Hintergrundmusik
wohl nur Stille und die Angst
doch du kannst es überspielen
wenn du einfach fröhlich tanzt.

Wenn dich welche fragen:
„Wie kannst du das nur machen?
Ich dachte, du bist glücklich
man sieht dich auf Fotos lachen.
Du wirkst eigentlich nicht traurig.
Jetzt stell dich nicht so an!
Wird schon wieder!"
Ausbuchstabierte Hilflosigkeit
Reden und Schweigen
hat alles seine Zeit
doch zu wissen, wann es Zeit ist
zu Reden und zum Schweigen
schweigend treibt mich diese Frage um
lässt mich zu dir treiben.

Manchmal frage ich mich, wie es wäre
wenn ich dich mal wieder treffen würde
so wie damals.
Ich würde erzählen von meinem Leben
du würdest erzählen von deinem Leben
oft belanglos
manchmal etwas tiefer
und wann ging es los

frage ich mich
mein Bild von dir wird schiefer
und zugleich verschwommen
was oder wer
hat dich mitgenommen?

Ich habe letzte Nacht geträumt
dass ich ein Vogel sei.
Ich flog hoch
fast bis zu den Wolken
und sah alles von weiter Ferne.
Schlafend und tobend vergeht die Zeit.

Ich kann nicht fühlen, was du fühlst
also will ich nicht mehr so tun.
Vielleicht hast du lange nicht gelitten
doch vielleicht versteckt schon.
Auf Fotos lachen
ist vielleicht die erste Lektion.
Zeig, dass du keine Angst hast!
Keine Schwäche zeigen?
„Mir geht es gut und dir"
alles bestens, kurz umarmt
steht alles vor dir.

Das Band hat sich gelöst
lasse die Gedanken steigen
wie einen Drachen.
Es gibt keine Antworten von mir
ich habe nur ein Foto von dir
darauf sieht man dich lachen.

# Der Friedhof der Vergessenen

Neulich hab ich einen Menschen
zu Grabe getragen
ich trug schwarz
in meinem Kopf hunderte von Fragen.
Auf dem Grabstein stand:
Gestorben durch die Welt
weil sich keiner darin für den Schuldigen hält.
Ein Mensch, der sein Lachen verlor
weil er dachte er muss handeln
ein Mensch
der keine Sachen mehr verlor
hat begonnen sich zu verwandeln.
Eine Maske aufgesetzt
ein Lächeln dazu
und alle dachten er wäre glücklich
doch war einmal Ruh'
spürte er
dass er keine Luft mehr bekam
und erstickte eines Tages
an dem geschaffenen Wahn.

Ich legte eine Rose still
auf einen von tausenden Steinen
niemand hörte mich klagen
niemand hörte mich weinen.
Ein Friedhof voller Freunde
Brüder und Verwandten
die versuchten zu gewinnen
bis sie sich selbst nicht mehr erkannten.
Ich schrie meine Verzweiflung
weit über ihre Gräber hinweg
die meisten sind nicht mehr zu erkennen
nur ein Haufen Dreck.

Ich suche einen Schuldigen
doch finde keinen
will mich für irgendwas entschuldigen
doch kann nur noch weinen.
Es ist für mich unerträglich zu sehen
wenn ich merke
das Lächeln eines Menschen bleibt stehen.
Konkurrenz und das Denken
ich muss alles richtig machen
ich hab Angst vor meinem Klang
also hör ich auf zu lachen.

Würde mich jemand dazu fragen
dann hätte ich was zu sagen:
Werdet nicht wie die Menschen
die denken, dass nur die Starken überleben.
Denn sie selber sind die Schwachen
auch wenn sie es nicht zugeben.
Werdet nicht wie die Menschen
die sich selber aufgeben
um den anderen zu gefallen
denn je höher sie fliegen
desto tiefer werden sie fallen.
Werdet nicht wie sie
denn dann werdet ihr Maschinen
dann könnten wir euch auch klonen
und ihr könntet uns dienen.
Ich sage euch
versucht später so glücklich zu sein
wir ihr es jetzt noch seid
bleibt im Herzen noch klein.
Denn das Verbot
über Zäune zu steigen
ist geregelt durch Angst
ihr könntet alles vergeigen.

Macht Fehler im Leben
macht sie großartig!
Wie ein Schauspieler
dass alle denken: So gehört es sich.
Versucht nichts zu bereuen
alles ist ein Teil von euch.
Jedes Schlagen eures Herzens
ist das größte Geräusch.
Denn ihm gilt es zu folgen
also lasst euch nicht beirren
traut euch zu verlaufen
zu verschwinden, zu verirren.

Als die Abenddämmerung eintrat
trat ich aus dem Tor.
Und jedes Mal kommt es mir
wie beim ersten Male vor.
Ich wünsche aus vollsten Herzen
keinen von euch jemals hier einzubetten
befreit euch von dem was euch frisst
von euren Ketten.

Dein Bild steht nun an meinem
Schlafzimmertisch

da lächelst du noch...
Ich vermisse
dich.

## Täter

Manche sagen:
„Wie lieblich deine Texte klingen
du kannst so gut mit Worten umgehen
und Stimmungen verstehen
Gefühle zu Papier zu bringen."

Ich denke mal zurück.
Ich kenne einen Kinderreim
der mir nicht aus dem Kopf geht.
Ich denke an eien Spottlied.

Damals in der fünften Klasse
ich werde es nicht zitieren
reicht, wenn ich es belasse
zu sagen, dass es plump war
aber zu einer bekannten Melodie
mit Ohrwurmpotenzial
und textlich echt nicht schlecht
zumindest für einen zehnjährigen Jungen.

Die Reime floßen nur so aus mir heraus.
Es klingt so giftig immer noch
manchmal in meinem Ohr
ich trug es in mir, trug es vor.

Fast alle waren laut am Lachen.
Er versuchte auch eine Strophe
gegen mich zu machen.
Doch sie kam an meine
bei weitem nicht heran
und ich war stolz darauf.

Der Lehrer sprach von Mobbing
er sprach es frei heraus
und in der letzten Reihe brach ein Junge
leicht schneidend in Tränen aus.
In der Klasse war es still
selbst die Coolen schwiegen
doch in dem Raum da schwebten
noch all diese Intrigen.

Ein paar Jahre später
lag auch ich mal in der Hecke
und Nadelstiche hallten
regelmäßig von der Ecke.

Ob meine Texte gut sind
soll's Publikum entscheiden
doch nie mehr will ich meine Worte
in fremdes Fleische schneiden
und verletzen mit der Gabe
die manche Leute heut'
ins Herze tief bewegt
auf Bühnen gar erfreut.
Erniedrigung und Hohn
ein Gebräu der Lust
das hab ich wohl auch damals
schon im Inneren gewusst.
Manches Wort ist nicht sehr fein
doch lernte ich's erst später
heute mag ich Dichter sein
Damals war ich Täter.

# 2. Kapitel

B
L
I
T
Z
E

kurz und knapp
die Welt
erhellt

# Gräser

Sand unter Füßen knirschend
weite Wellenmeere bringen ferne Stimmen
Muschelschalen streuen Gedanken umher
nur du an dieser Stelle
dich tragen sie fort


# Wachstum

totgeglaubt und doch am Leben
fast vergessen, nie vermisst
wachsen weiter wilde Reben
fern von jeder Art von List.

Strecken sich wie Apfelbäume
größer hin zum hellen Licht
verteilen sich auf Lebensräume
lächelnd perlt ihr Schweißgesicht.

Bis sie dann mal hochgesprossen
dauert's eine halbe Zeit
doch bis dahin wird genossen
denn das Feld ist doch so weit.


# Wenn du meinst

Wenn du meinst, dir im Leben
nur die Rosinen rauszudrücken
so bleibt am Ende eben
ein Leben voller Lücken.

## Lohn

Den ganzen Tag würde ich mich
abrackern und abschwitzen
nur um am Abend glücklich
neben dir zur sitzen.


## Das Buch

Ein schönes Buch, das wurde
einst durch die Welt getragen.
Da fiel es plötzlich auf die Erde
und hat sich aufgeschlagen.


## Neulich

Neulich fuhr ich mit Jenny fort
gemeinsam auf dem Pennyboard.
Ich fuhr, Jenny lief,
das Date ging schief.


## Seht her

Seht her, das ist mein Ehemann!
Damit das jeder sehen kann
hab ich ihm, damit man es kapiert
das Wort "vergeben" tätowiert.

# Für die Prüfungen

Dies ist ein Gruß an alle die
die morgen schreiben
die sich dann stundenlang
die Zeit damit vertreiben
das Beste draus zu machen
voll Sorge und voll Bang
Sätze aneinanderreihen
ganz kurz und auch mal lang
die sich jetzt langsam schon kasteien
versuchen den Kopf vorm Schlafen zu befreien
die dann des Morgens pünktlich wie nie
das Schulgebäude erreichen
im Angesicht der Prüfungen
zum Teile schon erbleichen
die doch, so bin ich überzeugt
was Gutes zu Papiere bringen
um das Schreckgespenst der Prüfungen
damit endlich niederzuringen.

Fühlst du dich nun direkt davon angesprochen
so höre an der Tür der Spannung
mein leises kleines Pochen.
Einem jedem morgen werde ich
meine Gedanken schenken
viel Erfolg, Glück und Besonnenheit
und immer daran denken:

Willst du nicht schon am Anfang
den ersten Fehler haben
so schreibe oben rechts
das Datum und den Namen.

# 3. Kapitel

# *DONNER*

bekannte Klänge
neu entdeckt

# Regelstudienzeit
(eine augenzwinkernde Auseinandersetzung mit
dem vermeintlichen Ideal der Regelstudienzeit)

*Das triste Studium macht mich krank*
*ein schweres graues Tuch*
*das die Sinne fast erstickt*
*jeden Tag ein neues Buch.*
*Lange nichts mehr aufgetankt*
*die Batterien sind leer*
*in der Prüfungszeit verstrickt*
*ich seh' den Weg nicht mehr.*
*Ich will weg, ich will raus*
*ich will - ich wünsch mir was*
*und meine Mutter nimmt mich an der Hand.*
*Sie winkt mir zu und grinst:*
*Komm hier weg, komm hier raus*
*komm, ich zeig dir was*
*dass du verdient hast, durch deinen Verstand.*

*Komm mit!*
*Komm mit mir durch Regelstudienzeit*
*auf deine eigene Reise.*
*Komm mit mir durch Regelstudienzeit*
*nur Vorteile weit und breit.*
*Komm mit mir durch Regelstudienzeit*
*und tu's auf deine Weise.*
*Deine Intelligenz bringt dich so weit*
*Durch Regelstudienzeit.*

Ich überzieh' nicht
egal wie das klingt, ich überzieh' nicht
Ich weiß, dass es stimmt
ich überzieh' nicht bei mir, überzieh nicht an dir
überziehe mich nicht fest
wenn du mich nur lässt.

Verlängert, verloren, verschludert, verpeilt.
Verdammt war ich glücklich in Regelstudienzeit.
Ich hatte doch alles alles was zählt
ich hab überzogen, jetzt ist es zu spät.

Weiß der Geier oder weiß er's nicht
in Regelstudienzeit studiere ich.
Du kannst alles von mir haben
denn pünktlich beeende ich.

So ein Wahnsinn, warum muss ich denn überziehen?
(ziehen, ziehen, ziehen)
Eiskalt lässt du meine Ziele erfrieren.
Das ist Wahnsinn, du spielst mit meinen Noten
(Noten, Noten, Noten)
und mein Schnitt liegt längst schon auf dem Müll.
Doch noch weiß ich was ich will
ich will Regelstudienzeit.

Du blickst mich an mit deinem funkelperlen Zeugnis
es tut so gut, da steht Regelstudienzeit drin.

*Lena, du hast es oft nicht leicht*
*ohne Regelstudienzeit*
*wenn ich am Boden liege*
*erzählst du mir, dass ich überziehe.*

*Ich will immer wieder in Regelstudienzeit studieren*
*immer wieder diesen Druck verspüren*
*will das Leben leben*
*wie ein Tanz auf dem Vulkan.*

*Da sind wir dabei, das ist prima*
*überziehen mach' ich niemals*
*ich liebe studieren, ganz einfach ohne Frust*
*doch ich beende es pünktlich*
*Regelstudienzeit und Schluss.*

*Denn ich bin nur, ,ne Streberjung*
*und deswegen lunger ich nicht länger rum*

*Nä, wat wor dat dann fröher en Regelstudienzick*
*mit Träne in d'r Auge loor ich manchmol zurück*
*ick fühle mich toll, nur noch half su doll*
*denn ick weiß, dat et pünktlich enden soll.*

*Einigkeit und Regelstudienzeit*
*für die Studis hier im Land*
*danach lasst uns alle Streben*
*brüderlich mit Stift in der Hand.*

*1 und 2 und 3 und*
*4 Semester, 5 Semester*
*und nach 6 ist dann vorbei*
*ja so stimmen wir alle ein.*
*Mit dem Stift in der Hand*
*für die Prüfungen breit*
*schaffen wir's in Regelstudienzeit.*

*Wir haben nicht die beste Lernkultur*
*sind nicht gerade motiviert*
*doch wir haben Träume und Visionen*
*und so wird nach Plan studiert.*
*Für unseren langen Weg aus der Krise*
*und der Prokrastination*
*lautet die Devise:*
*In drei Jahren schaffst du's schon.*

*Nach einem Jahr ist's ein Wunder*
*Nach zwei Jahren ist es Glück*
*Nach drei Jahren der verdiente Lohn*
*und gleichzeitig eine Sensation.*

(verwendete Lieder:
PUR: Abenteuerland / Ich lieb dich / Funkelperlenaugen / Lena
Wolfgang Petry: Verlieben, verloren, vergessen, verzeihn /
Weiß der Geier / Wahnsinn
Helene Fischer: Ich will immer wieder dieses Fieber spür'n
Höhner: Viva Colonia
BRINGS: Kölsche Jung / Superjeilezick
Deutsche Nationalhymne
Sportfreunde Stiller: 54, 74, 90, 2006)

# Krawall und Menschenopfer
(eine Adaption von „Krawall und Remmidemmi"
von „Deichkind", passend zum Werk „Iphigenie auf
Tauris" von J.W.v. Goethe)

*1. Strophe:*
*Iphi sollt' geopfert werden weit weg von hier*
*doch Göttin Diana brachte sie zu ihr.*
*Thoas opfert Menschen*
*er kennt da keine Grenzen.*
*Nur Iphigenie bietet Einhalt*
*doch es drohen Konsequenzen.*

*Refrain:*
*Iphi, Iphi, Yeah, Iphi, Yeah*
*Krawall und Menschenopfer!*
*Iphi, Iphi, Yeah, Iphi, Yeah*
*Krawall und Menschenopfer!*
*Iphi, Iphi, Yeah, Iphi, Yeah*
*Krawall und Menschenopfer!*
*Iphi, Iphi, Yeah, Iphi, Yeah*
*Krawall und Menschenopfer!*

*2. Strophe:*
*Orest und Pylades machen den Konflikt noch spitzer*
*von Orests wahrem Bild ist Iphi noch nichts klar.*
*Dich zwischen ihnen sei Wahrheit*
*ihr Blut ist gleich und sehr rein.*
*Orest träumt vor sich her und Iphi will allein sein.*

*Refrain*

*3. Strophe:*
*Alle wollen jetzt mitmischen*
*die Stimmung ist beschissen.*
*Es scheint vertrackt sein*
*doch Iphigenie scheint's zu wissen.*
*Sie kämpft mit Worten*
*und nicht wie ein gewaltversauter.*
*Thoas lässt sie schließlich ziehen*
*dreht den Humanismus lauter!*

*Refrain*

*Bridge:*
*Jetzt spieß mal nicht so rum eh'*
*es muss nicht immer Tote geben*
*Happy End und Harmonie*
*was kann es schöneres geben?*

*Refrain*

## Der Demonstrant
(nach „der Erlkönig" von J.W.v. Goethe)

*Wer reitet so spät durch Nacht und Wind?*
*Es ist der Vater mit seinem Kind.*
*Er hat den Knaben wohl in dem Arm.*
*Er fasst ihn sicher, er hält ihn warm.*

*"Mein Sohn, was birgst du so bang dein Gesicht?*
*Siehst, Vater, du die Demonstranten nicht?*
*Die bürgerlich Leute mit Fahne und Schweif?"*
*"Mein Sohn, es ist ein Nebelstreif."*

*„Du liebes Kind, komm, geh mit mir!*
*Gar schöne Phrasen schenk' ich dir.*
*Steh' für die Reinheit in unserm Land*
*denn wir wollen hier kein Burka-Gewand.*

*"Mein Vater, mein Vater, und hörest du nicht,*
*Was besorgter Bürger mir leise verspricht?"*
*"Sei ruhig, bleibe ruhig, mein Kind;*
*In dürren Blättern säuselt der Wind"*

*„Willst, feiner Knabe, du mit uns gehn?*
*Heut Abend marschieren, wirst seh'n, wird schön.*
*Wir versammeln uns in nächtlichen Reihn*
*und wiegen und schreien und singen uns ein."*

"Mein Vater, mein Vater, und siehst du nicht dort
pöbelnde Menschen am düstern Ort?"
"Mein Sohn, mein Sohn, ich seh' es genau:
Es scheinen die alten Weiden so grau."

„Wir brauchen bei uns nur die deutsche Gestalt;
Und wenn die andern nicht gehen,
so brauch' ich Gewalt."
"Mein Vater, mein Vater, jetzt faßt er ihn an!
Dem Ausländer da hat er Leids getan!"

Dem Vater grauset's; er reitet geschwind,
Er hält in Armen das ächzende Kind,
Erreicht den Hof mit Mühe und Not;
In seinen Armen das Kind war tot.

## Amarena
(nach „Macarena" von „Los del Río")

*Nehme ich Straciatella, Cioccholato oder Crema?*
*Ich kann mich nicht entscheiden*
*immer das gleiche Thema.*
*Entscheide ich heut spontan*
*oder nach dem alten Schema?*
*Ähh...Amarena!*

*Ich hab es oft nicht leicht,*
*PUR würde sagen, ich sei Lena.*
*Weiß nie welche Sorte*
*ob Bremen, Kierspe oder Jena.*
*Fänd ich heute mal Zitrone*
*oder Himbeer angenehmer?*
*Ähh...Amarena!*

*Weißt du, ich wär gern dein Boyfriend*
*mit dem man auch mal heimlich nachts im Heu pennt.*
*Du und ich?*
*Wie wär das?*
*Wir essen erst mal ein Eis*
*und haben später noch mehr Spaß.*

*Ach, komm schon, was hätte ich tun sollen?*
*Die Eisdiele war da und die Sorten waren sooo gut...*

Nehme ich Straciatella, Cioccholato oder Crema?
Ich kann mich nicht entscheiden
immer das gleiche Thema.
Entscheide ich heut spontan
oder nach dem alten Schema?
Ähh...Amarena!

Ich hab es oft nicht leicht,
PUR würde sagen, ich sei Lena.
Weiß nie welche Sorte,
ob Bremen, Kierspe oder Jena
Fänd ich heute mal Zitrone
oder Himbeer angenehmer?
Ähh...Amarena!

Ich bin dein Alex und du bist meine Tina.
Wie ziehen in ein Haus und werden Großverdiener.
Du bist die Steigerung des Glücks
- du machst mich endorphiner
strahlst mich an - wie ein Beamer.

Hey, warum lachst du nur und verlässt mich wieder?
Ich ginge dir heut Nacht noch gern unter den Mieder.
Jetzt ist sie weg, das drückt mich furchtbar nieder
ich hasse diese Lieder!

# 300 km/h
(nach „200 Km/h" von „Apache 207")

*Vierzehn Uhr, Gleis 8*
*Hotelzimmer, Freund ruft mich an:*
*„Oh Bruder, bitte komm raus*
*Abfahrt Abfahrt, du musst jetzt schnell rennen!"*

*Weil ich die Verbindung brauch*
*ich muss jetzt los und ich guck die App an.*
*Oh, das wird knapp, weiß auch*
*ICE hat nur kurze Wende.*
*Bahnsteig, weiß wo der ist*
*auf dem Doppelsitz*
*Lokführer vorne, ich wink'*
*ahh, ahh.*
*Koffer nach oben gekickt*
*entspannt, denn hab' Fenstersicht*
*Pünktlich bin ich wieder nicht*
*ahh, ahh.*

*Sonnenbrille an, fahr' von Stadt zu Stadt*
*das ist der Kick, 300 km/h.*
*Für alles, was ich fahr, alles, was ich mach'*
*muss mit Bahncard weniger bezahl'n.*
*Ich hab die Sonnenbrille an, fahr' von Stadt zu Stadt*
*das ist der Kick, 300 km/h*
*Für alles, was ich fahr, alles, was ich mach'*
*muss mit Bahncard weniger bezahl'n.*

Vier Uhr morgens, fahr auch
zu viel Gedanken, muss mich ablenken
Sonne geht langsam auf
muss lächeln, keiner kann's mir verdenken
403, fahr mit dir
Arbeit, Arbeit, kein Schlaf, wenig Zeit
ich bleibe dennoch hier
will komfortabel und geschwind sein.
400 Tonnen, Freifahrt gewonnen, Platz bekommen
Rotes Signal, denn vieles lief nicht, wie es sollte
Jetzt wendet sich das Blatt
heut hat mein Zug im Sparpreis
die Verspätung, die er nicht mehr aufhol'n konnte.

Sonnenbrille an, fahr' von Stadt zu Stadt
das ist der Kick, 300 km/h.
Für alles, was ich fahr, alles, was ich mach'
muss mit Bahncard weniger bezahl'n.
Ich hab die Sonnenbrille an, fahr' von Stadt zu Stadt
das ist der Kick, 300 km/h
Für alles, was ich fahr, alles, was ich mach'
muss mit Bahncard weniger bezahl'n.

## Kraftklub
(ein Gedicht, bestehend nur aus Liedtiteln)

*Mein Leben:*
*Ich will nicht nach Berlin*
*Für immer Karl-Marx-Stadt*
*Für immer Leben ruinieren*
*Meine Stadt ist zu laut*
*Wieder Winter Melancholie*
*Der Zeit bist du egal*

*Wie ich eure Mädchen Liebe*
*zu jung*
*Blau*
*Zwei Dosen Sprite*
*Schüsse in die Luft*
*Fenster*
*Hausverbot*
*Alles wegen dir*

*Fan von dir*
*So schön*
*Dein Lied*
*Kein Liebeslied*
*Hand in Hand*
*Schöner Tag*
*Hallo Nacht*
*Am Ende*
*Liebe zu dritt*

# Clueso
(ein Gedicht, bestehend nur aus Liedtiteln)

*Stadtrandlichter*
*Nacht unterwegs, Gute Musik*
*Nebenbei du & ich*
*Halt mich fern! Schwer! Auf und ab!*
*Gib mir Mut: Wie heißtn du?*
*Erklär mir! Viel gesehen!*
*Dreh dich! Alles leuchtet!*
*Nur bei dir Gewinner*
*Wenn du liebst*
*Herz so sehr dabei!*

*Deine Stimme: Ich geh heim!*
*Wart mal! Bleib hier! Du bleibst! Wach auf!*
*Kein Bock zu gehen*
*Ich bin zu müde um schlafen zu gehen*
*Dort wo du wohnst*
*Egal wo, sag mir wo*
*Vier kleine Wände*
*Uh Girl*
*Augen zu*
*Es wird heiß*
*Morgen gestern*
*Sonne geht auf*
*Zu schnell vorbei*
*Still*
*Überall bist du*

Kalter Kaffee, Pizzaschachteln
Barfuss
Pack meine Sachen
Frische Luft
Neue Luft
Jeder lebt für sich allein
Jenseits von Eben Erinnerungen Vergessen ist so
leicht
Schreibe dir Text und Ton wie versprochen
Mach's gut
Neuanfang
Chicago
Ende

# Geh' mit meiner Oma

(nach „Diego Maradona" von der Band „Provinz".
Für den passenden Reim muss es im Sauerländer
Dialekt als „Omma" ausgesprochen werden)

*Strophe 1:*
*Hat lange Stöcke und gebraucht sie*
*tief da, wo sie keiner sieht*
*und hofft Corona wird bald schon vergeh'n*
*Ah-ah-ah-ah-ah.*
*Und könn'n euch nicht geben, was ihr wollt*
*keine Randale und kein Krawall*
*für uns noch lange nicht vorbei*
*Ah-ah-ah-ah-ah.*

*Refrain:*
*Und ich kann nicht was ich will, ich hänge nur ab*
*zieh mich an und geh' mit meiner Oma.*
*Und ich kann nicht was ich will, ich hänge nur ab*
*zieh mich an und geh' mit meiner Oma.*

*Hook:*
*Ah, ah-ah, ah-ah, ah-ah-ah-ah*
*geh' mit meiner Oma*
*Ah, ah-ah, ah-ah, ah-ah-ah-ah*
*Ah-ah-ah-ah-ah-ah*

*Strophe 2:*
*Und bleiben zuhause, ist nicht viel gescheh'n*
*Homeoffice mit zuviel Lärm.*
*Reiß die Fenster auf, sodass die Luft reinkommt*
*Ah-ah-ah-ah-ah*
*Und lerne, verliere und sehne mich*
*nach deinen Armen, wie das immer war*
*Ich liebe dich, doch kann dich nicht umarmen*
*Ah-ah-ah-ah-ah*

*Refrain:*
*Und ich kann nicht was ich will, ich hänge nur ab*
*zieh mich an und geh' mit meiner Oma.*
*Und ich kann nicht was ich will, ich hänge nur ab*
*zieh mich an und geh' mit meiner Oma.*

*Hook:*
*Ah, ah-ah, ah-ah, ah-ah-ah-ah*
*geh' mit meiner Oma*
*Ah, ah-ah, ah-ah, ah-ah-ah-ah*
*geh' mit meiner Oma*
*Ah, ah-ah, ah-ah, ah-ah-ah-ah*
*geh' mit meiner Oma*
*Ah, ah-ah, ah-ah, ah-ah-ah-ah*
*geh' mit meiner Oma*

Und ich hab' Langeweile,
denn hier drinnen hier im Lockdown
gibt es meistens nichts zu feiern
also geh ich um den Block.
Bin drauf und dran zu fressen
was mir hilft zu vergessen
doch bevor wir uns verlassen, ja.

Hook:
Zieh mich an
geh' mit meiner Oma
Ah, ah-ah, ah-ah, ah-ah-ah-ah
geh' mit meiner Oma
Ah, ah-ah, ah-ah, ah-ah-ah-ah
geh' mit meiner Oma

Outro:
Und ich hab' Langeweile,
denn hier drinnen hier im Lockdown
gibt es meistens nichts zu feiern
also geh ich um den Block.
Bin drauf und dran zu fressen
was mir hilft zu vergessen
doch bevor wir uns verlassen, ja.

zieh mich an
geh mit meiner Oma.

# 4. Kapitel

## *W o l k e n*

Geschichten bilden sich
ziehen vorüber
lösen sich auf

F
e
d
e
r
wolken

## Manche sagen (Kierspegedicht)

Mein Name ist Luca D'Ortona
ich war bis 2016 im Oktober
ein Kiersper Mitbewohner
doch konnte mich für mein Studium
dazu bequemen
bewegte meine körperhaften Schemen
nach Bremen
und meine heutigen Themen
sind ein paar Zeilen über Kierspe
dies konnte ich mir nicht nehmen
lassen
und ließ so keine Zeit verpassen
um ein Gedicht zu schreiben.

Dann kam der Moment
den man vielleicht als Kiersper kennt
wenn dann so der erste Gedanke aufkeimt
die ersten Zeilen klingen nicht verkehrt
und man plötzlich bemerkt
dass sich gar kein Wort auf "Kierspe" reimt.
Auch zu erklären
warum ich immer wieder mit dem Zug
diesen Ort nicht erreichen kann
ist etwas, dass ich vielleicht
mit manch einem Großflughafenprojekt vergleichen
kann.
So nebenbei
wird dann bald die Strecke wieder frei
so freue ich mich ab diesem Tag
im Warmen wie im Kalten
auf dem Weg in meine alte Heimat
endlich im Kiersper Bahnhof anzuhalten!

Doch was heißt Heimat eigentlich für mich?
Ich möchte ein paar Gedanken nennen
die vielleicht einige kennen
die in meinem Alter sind
Generation: bleib oder verschwind'!

Manche sagen: Heimat ist ein Gefühl.
Ich suche Worte
um dieses Gefühl zu definieren
um anderen Menschen
in diesen Ort namens Kierspe zu involvieren.

Doch so hochtrabend und lossagend
das jetzt klang
ich persönlich scheitere auf kurz oder lang schon
daran überhaupt
zu beschreiben wo ich denn herkomme
weil mein fremdes Gegenüber
das oft nicht immer so klar fand
und mich fragte:
- „Ja, wo liegt das denn genau,
dieses Saarland?"
Ich es dann immer sehr bedauernd fand
verwechselte jemand
das Saarland mit Sauerland
Ich dann so:
- „Nee, Sauerland, statt Saarland
das liegt in NRW."
- „Ok und wo in NRW wohnst du in diesem
Saar...Sauerland?"
- „Also so ungefähr bei Dortmund und Köln.
Aber schon ein Stückchen davon weg.
Das ist schwierig zu erklären."

Manche sagen: Heimat ist ein Gefühl.

Aber für mich ist Heimat auch mehr als das
Heimat war Felderhof
Potthoff&Prüschenk
Café Struth und schneebedeckte Hügel
und Straßen im Winter.
So fuhren wir
mit dem Schlitten den Hang hinunter
links, rechts, dann plötzlich gradaus
wilde Schlittenfahrten, am östlich Rathaus.
Wenn aber auch die trüben Tage
nass alles überdecken
sich tagelange Regengüsse
über uns erstrecken
Pumpernickel kauend die Regentropfen
die Fensterscheiben runterziehen sieht
Gemütlichkeit trotz Niederschlagsgebiet
das ist auch Kierspe.

Mein Kierspe
sage ich doch mit etwas Stolz
wenn ich woanders bin.
Mein Kierspe, das ist kunterbunt
ständig hoch und wieder runter
geht es, eines langgezogenen Weges
vom Dorf zum Bahnhof
vorm Petz die Jugendlichen mit Eistee
meist stehen sie im Eingangsbereich
bevor sie wieder zur Gesamtschule gehen
wo Gespräche, Feiern, Küsse
wie Winde verwehen
während Jahre vergeh'n
auf den Sportplätzen mit den Jungs kicken
oft ist es gewesen
oben Blicke vom Vereinsheim
Ruhe in Frieden, Heike Reese.

Siege gefeiert in Kabinen
Niederlagen bei Regen und Schnee
für die Farben rot und blau
Gib mir ein K ein S ein C.

Nachts mit dem Auto
zu bedeutsamen Takten
durch Land und Wälder gefahren
Bäume blickten bedrohlicher
als es die Felder da waren
und der weite Blick
in der Dämmerung am Abend ganz allein
Hügel, Täler, Tannenwälder
Stille am Fritz-Linde-Stein.
Ich bin daheim
wenn ich wieder unter Bäumen bin
beim Einkauf im Petz
Sonderangebote und alte Freunde find
in der Zeitung Bilder von irgendeiner Feier
Schützenfest, Regionale
und natürlich Hermann Reyher.
Die politisch hier Aktiven
lernt ich mit der Zeit zu schätzen
die sich für den Ort, die Menschen
und die gute Sache einsetzen.
Dank und Achtung an alle Kiersper
ob in oder ohne einen Beirat
die den Heimatlosen ermöglichen
hier eine neue Heimat
zu haben
die für miteinander warben
wie die Gemeinden gemeinsam
ökumenisch verbunden
Christsein in Kierspe
Grenzen überwunden.

Ansonsten noch Geschichten
Nachbarn, Verwandte und Bekannte
die den Ort dazu brachten,
dass man sich zu ihm bekannte.
Dazwischen die Natur
die sanft das Städtchen trägt
mal Regen, Schnee und Sonnenschein
auf kleine Dächer legt.
Ich glaube das ist es
das kleine Glück
was die Menschen, die dich verlassen
wenn sie aufzubrechen wagen
doch vermutlich noch ein kleines Stück
in ihrem Herzen tragen.
So schließe ich
und weiß noch nicht
was Heimat recht bedeutet
doch wünsche ich
es stimme nicht
dass man dich bald verleugnet
denn wo man für Schanhollen Kleider weben
und blickt den Rauk am Himmel schweben
lässt es sich doch ganz gut leben.
Zeig weiter die versteckten Schätze
die es verborgen hat
auf dass es blühend imponier.
Danke Kierspe
du kleine Stadt
meine Wurzeln liegen hier.

# Mit dem Bus zur Schule

Das Busfahren ist über die Jahre noch immer eine prägende Erinnerung an die Schulzeit. Wie oft erzählt man seinen eigenen Kindern, wenn man mal wieder in der Heimatstadt ist, nicht zum ersten, und ganz sicher nicht zum letzten Mal: „Da bin ich früher eingestiegen, Woche für Woche, immer mit dem 282er."

Wobei es ja auch viele gibt, die nie Bus fuhren. Die anderen. Die es auf der einen Seite gut hatten nach Schulschluss einfach gehen zu können und nicht eine halbe Stunde auf den nächsten Bus warten müssen, weil der Lehrer einen wieder zu spät rausgelassen hat. Die aber zum anderen teilweise über eine halbe Stunde jeden morgen gehen müssen, weil ihr Haus leider vor der magischen Kilometergrenze liegt, die zur Busfahrt berechtigt. Sie alle wissen es nicht, es entging ihnen so viel.
Das Busfahrende irgendetwas besonderes seien mussten, wurde mir schon in der Grundschule klar. Damals ging ich, wie die meisten, jeden Morgen zur Fuß zur Schule, etwa 10 Minuten, sehr entspannt. Allerdings gab es auch einige Buskinder, die anscheinend einige Privilegien hatten. So durften sie zum Beispiel die letzte Schulstunde immer etwas früher verlassen, um den Bus, der vor dem Eingang stand, noch zu kriegen. Bevor der Bus kam, hatten sie auch immer eine eigene Aufsicht, die an der Haltestelle wartete. Manchmal kamen diese Schüler auch einfach zu spät, was die Lehrer immer freundlich tolerierten, da es ja am Bus lag und nicht an ihnen. Hin und wieder fühlten wir anderen uns

benachteiligt. Diese Leute wurden immer mit dem Bus herumkutschiert, während wir uns mit unseren schweren Scout-Ranzen zu Fuß abmühen mussten. Außerdem durften wir nie zu spät kommen, das wäre sonst nämlich ganz schlimm (dachte ich zumindest eine Zeit lang).

Jedenfalls war ich am Anfang der fünften Klasse ganz gespannt darauf, wie es denn so ist, dieses Busfahren. Am ersten Schultag hatte ich meine Busfahrkarte bekommen. Einen fladderigen, laminierten Zettel mit einem Fach, in dem man jeden Monat eine neue Karte reinstecken muss und sonst nicht mitgenommen wird. Frohen Mutes stieg ich also am zweiten Schultag auf meiner neuen Schule in den Bus, der mich fort an fast acht Jahre lang jeden Morgen zum Unterricht bringen würde. Zum Glück hatte ich es geschafft in den richtigen Bus einzusteigen, denn das war gar nicht so einfach. Um 7:00 Uhr fuhr ein Bus zur katholischen Kirche. Er trug die Nummer 282. Danach kam um 7:02 Uhr ein Bus zum Schulzentrum Rothenstein ebenfalls mit der Nummer 282. Erst danach um 7.04 Uhr kam unser Bus der allerdings als Endhaltestelle eine andere Schule angegeben hatte und nur am Gymnasium hielt, dort aber nicht endete. Auch er hatte die Nummer 282. Da die Busse in den seltensten Fällen genau pünktlich kamen, war es meistens so, dass unser Gelenkbus direkt nach dem Gelenkbus zum Schulzentrum Rothenstein kam. Unsere Haltestelle, nur für EINEN normalen Bus gedacht, war mit zwei Gelenkbussen völlig überfordert. Wir mussten also erst einmal nach hinten laufen, um in den Bus steigen zu können. Wenn man dann Pech hatte, kam außerdem noch der reguläre Linienbus zum

Kulturhaus, der um 7:05 Uhr fuhr, aber zum Glück die Nummer 59 trug. Dann war es mit 3 Bussen schon recht voll an der Haltestelle, was die nächsten Haltestellen auch so blieb.
Auch spannend und verwirrend war, dass diese eigentliche Kombination, also erst Kath. Kirche, dann Rothenstein, dann Gymnasium und dann Kulturhaus, nicht immer eingehalten wurde. Mal kam Gymnasium früher, dann Rothenstein später, Kulturhaus ganz früh, Kath. Kirche ganz spät oder es kamen auch alle gar nicht. Dann war Feiertag, aber das zu Übersehen ist mir zum Glück noch nie passiert.

Um allerdings wieder auf die erste Busfahrt zurückzukommen: Sie verlief entsprechend schmerzhaft. Schon bei der ersten Kurve wurden wir unvorbereitet durch den halben Bus geschleudert. Ich knallte gegen eine Stange, eine Mitschülerin landete auf dem Schoß eines Zwölftklässlers, der sie angenervt prompt wieder mit Schwung auf den Gang zurückschubste. Es dauerte tatsächlich einige Wochen, bis wir wussten wann Kurven kamen und wir uns festzuhalten hatten.
Auch das Einsteigen war ungewöhnlich. Wenn man einsteigen will, geht man nur durch die erste Tür rein, zeigt seine Buskarte dem Fahrer, der kontrolliert und winkt einen dann durch. So läuft es theoretisch. Praktisch aber öffnen sich alle Türen, man steigt ganz hinten ein und die Busfahrkarte interessiert keinen Menschen, zumindest im Schulbus. Auch da gewöhnte man sich dran. Blöd wurde es nur immer, wenn der Busfahrer an manchen Tagen auf einmal doch nur die vordere Tür öffnete und alle nach hintengelaufenen Leute erstmal wieder zum Anfang

des Busses laufen und sich von den Leuten im Bus hämische Gesten gefallen lassen mussten. Wenn dann der Busfahrer auch noch dann doch mal die Busfahrkarte sehen wollte, war das Chaos perfekt. Dann verzögerte sich die Fahrt nämlich um mindestens zwei Minuten pro Haltestelle, weil jeder erst einmal seine Tonne (so nannten wir unsere Schultasche) abnehmen musste, um seine Busfahrkarte rauszuholen, die man beim Schulbus nicht mehr bereit in der Hand hielt, weil man sie ja praktisch nie brauchte. Wenn man dann endlich im Bus war, dann ging der Spaß erst richtig los.

Der normale Bus besitzt eine klare Rangordnung. Wer was auf sich hält und/oder was zu verbergen hat, der geht nach hinten. Hinter dem Busfahrer sitzt man nur, wenn es nicht anderes geht. Dann setzt man sich am Besten in die hintere Viererreihe – die Gangsterreihe. Wenn man dann noch ganz links hinten in der Ecke sitzt, ist man schon echt richtig cool! Wenn man zu mehreren ist, dann geht auch der Vierer vorne. Die engeren Plätze dahinter sind hauptsächlich für ältere Damen gedacht, die ausklappbaren Notsitze sind erst zu gebrauchen, wenn kein anderer Platz mehr frei ist, oder wenn die verkabelten Jugendliche hinten einsteigen und keinen Bock haben sich auf einen freien Platz zu setzen, welcher zwei Meter Fußweg durch den Bus erfordert. Letzteres ist häufiger der Fall.
Im Bus, der zur katholischen Kirche fährt, ist die Rückbank praktisch reserviert. Hier dürfen nur die ältesten und coolsten Leute sitzen. Sie sind die Herren dieses Busses, sie haben von da hinten alles im Blick. Die neuen Anwärter auf diesen Platz müssen sich einige Jahre mit den gegenüberliegenden Dreier-

Plätzen zufrieden geben. Mit Bewunderung schielten wir damals auf die vier großgewachsenen Typen, die sich lässig mit einem Handschlag begrüßten, sich auf die Königsplätze begaben und dann den Rest der Fahrt schwiegen oder Musik hörten und dabei irgendwie aussahen, als wären sie furchtbar traurig. Mann, was waren die cool! Nie jedoch hätten wir es gewagt uns auf einen der noch freien Rückbankplätze zu setzen. Wir wussten nicht, was dann passieren würde, doch wir wollten es auch gar nicht wissen.

Interressanter Weise stirbt die Rückbankgeneration nicht irgendwann aus. Sie geben ihr Erbe immer weiter. Irgendwann nach ein paar Jahren, als sie nicht mehr im Bus auftauchten, nahmen wir ihre Plätze ein. Wir stiegen ein, setzten uns lässig auf die Rückbank, begrüßten jeden mit Handschlag und schwiegen dann den Rest der Fahrt oder hörten Musik, wobei wir ebenfalls furchtbar traurig aussahen.

So überlebt sich die Rückbank immer weiter. Irgendwann fuhren wir nicht mehr gemeinsam, oder wurden hin und wieder mit dem Auto gebracht. Dann übernahmen die nächsten unsere Plätze, begrüßten sich mit Handschlag, schwiegen, hörten Musik und sahen dabei furchtbar traurig aus.

In dem morgendlichen Schulbus jedoch herrschten ganz andere Bedingungen. Hier galt nicht: Die älteren Schüler bestimmen die Plätze und die jüngeren gehen dahin, wo noch was frei ist. Hierbei hatten nämlich die das Sagen, die ganz am Anfang einstiegen. Feuerwehrgerätehaus. So hieß sie, die berüchtigte Anfangshaltestelle, wobei sie auf den Bussen immer mit „F'wehr Gerätehaus" oder auch

„Feuerwehrgeräteh" abgekürzt wurde und man als jüngerer Schüler sich nicht sicher war, ob das schon „h" noch zu „Geräte", oder schon zu „Haus" gehörte. Diese „Feuerwehrskinder" jedenfalls hatten ungemeines Glück. Denn sie konnten in einen völlig leeren Bus einsteigen, während wir am Felderhof nur alle Jubeljahre mal einen Sitzplatz abbekamen. Da gefühlt sämtliche Fünft- und Sechstklässler (und gefühlt waren es vor allem Jungen) am Feuerwehrgerätehaus einzusteigen schienen, war hierbei die Rückbank meistens mit kleinen lauten Kindern gefüllt. Und die genossen es! Sie saßen hier, hatten alles im Blick, während die Großen stehen mussten. Es führte teilweise zu einer derartigen Überheblichkeit, dass man manche besonders laute Schüler direkt dieser Haltestelle zuordnen konnte. Eine der wenigen älteren Mitschülerinnen, die dort einstieg, meinte einmal zu mir, es sei schon an der ersten Haltestelle manchmal schwer einen Sitzplatz zu bekommen. Besonders auch deswegen, da manche jüngere Schüler meinten auch noch Plätze reservieren zu dürfen. Zack, einfach Tonne auf den Nebenplatz und dann ist bestetzt! Einmal wollte sie sich auf den Nebenplatz von einem kleinen Mädchen setzen, welche diesen mit ihrer Tonne reserviert hatte. Auf die Frage, wann denn die Person einstiege, die da sitzen sollte, meinte das Mädchen: „Sparkasse!"
Sparkasse ist die achte Haltestelle! Ich stieg an der fünften ein und da gab es schon höchst selten noch einen freien Platz. Meine Mitschülerin hat daraufhin die Schultasche des Mädchens auf deren Schoß getan und sich einfach hingesetzt. „Manchmal", meinte sie, „muss man gegen diese 5er einfach knallhart durchgreifen!"

Wir von der Haltestelle Felderhof steigen nun also in den Bus ein. Meistens ist kein Platz mehr frei und wir müssen stehen. Eine Busregel ist es eigentlich, dass man, wenn man den Bus betritt und alles voll ist, möglichst weit in den Bus reingeht und sich dann hinstellt, sodass der Bereich an den Türen bis zuletzt frei bleibt. Auch diese Regel findet im Schulbus wenn überhaupt nur sporadisch statt. Das Problem ist nämlich, dass es die meisten Leute einfach nicht einsehen, warum sie nicht direkt an der Tür stehen bleiben sollen, wo doch hier auch Platz ist und außerdem die Freundin sitzt, mit der man quatschen möchte.

Das hat zur Folge, dass der Gang im Bus meist vollkommen frei ist, während sich an den Türen die Leute eng aneinander quetschen müssen, um überhaupt noch in den Bus zu passen.

Dieses Phänomen tritt häufig an der bereits erwähnten achten Haltestelle Sparkasse auf. Dann quetschen sich die neu eingestiegenen eng aneinander. Meistens reicht dies aber nicht und sie stehen in der Lichtschranke, was dazu führt, dass die Tür nicht zugeht. Und wenn dieser Fall eintritt, dass die Schüler im Busgang massenhaft Platz haben und sich an den Türen massenhaft quetschen müssen und so dicht an der Tür stehen, dass diese sich nicht schließt, dann passiert – nichts.

Es passiert nichts.

Der Bus steht, die Türen sind auf und nichts bewegt sich. Die Eingedrückten, die wollen können nicht und die außen, die können wollen nicht oder realisieren es einfach nicht. So steht der Bus dann bis zu zwei Minuten an der Haltestelle und nichts passiert.

Der Busfahrer versucht immer wieder die Tür zu

schließen, was aber auch nicht geht. Im Bus tut sich weiter nichts. Keiner rückt auch nur ein Stück weiter. Irgendwann folgt dann die typische Ansage des Busfahrers: „Geht ihr bitte ein Stück in den Gang rein!"

Jetzt gibt es drei Arten, wie die Leute im Bus reagieren:

1. Es passiert weiterhin nichts. Ein paar stöhnen aufgrund der Verzögerung, aber es tut sich weiter nichts.

2. Es passiert auch nichts, nur die eh schon zusammengedrückt und gepressten Leute an der Tür pressen und drücken sich noch mehr aneinander, bis sich die Bustür dann endlich schließt.

3. Nach mehrfacher Aufforderung des Busfahrers und auch anderer Leute gehen die im Bus stehenden ein winzig kleines Stück vorwärts. Das reicht allerdings noch nicht, sodass noch weitere Ansagen und Türschließversuche folgen, bis sich die gequetschten Schüler noch mehr gequetscht haben und die Tür dann endlich zugeht.

Die Innenstehenden machen während dieses Vorgangs oft ein genervtes Gesicht. Es ist als ob sie sagen würden: „Ja ich hab doch jetzt schon genug gemacht, wenn die Tür nicht zu geht, kann ich doch nichts für."

Doch dann ist es endlich geschafft! Die Türen schließen sich, der Bus fährt nach zwei bis fünf Minuten Aufenthalt an der Haltestelle endlich weiter.

Die glücklichen Menschen, die einen Sitzplatz erwischt haben, kriegen davon meistens nichts mit. Sie hören Musik oder spielen auf ihren Handys. Für sie vergeht die Zeit im Bus meistens wie im Flug, wie lang sie auch dauert. Ganz anders geht es dagegen dem, der steht. Wenn er Platz hat und sich zudem noch irgendwo anlehnen kann, hat er Glück gehabt. Wenn man jedoch als kleiner Junge eingequetscht zwischen Neunt- und Zehntklässlern steht, dann kann so eine Fahrt schon Mal ziemlich lange dauern. Da wird jede Kurve gefühlt im Schneckentempo gefahren wird, an jeder Haltestelle zehn Minuten gehalten und alle Ampeln sind auf rot und das auch mindestens eine halbe Ewigkeit. Ja, aus heutiger Sicht scheint es manchmal übertrieben, aber oft genug hat es sich genauso angefühlt.

Doch dann ist es geschafft!
Mit meist apruptem Bremsen hält der Bus an der Haltestelle Gymnasium und man wird herausgeschubst von der Meute hinter einem. Die Sitzleute packen müde und gelangweilt ihre Handys ein. Der große Höhenunterschied zwischen Bus und heruntergelegtem Bordstein bringt dich fast ins Straucheln, doch du bist draußen. Dass die meisten Leute dann einfach auf dem engen Fußweg (es ist eigentlich keine Haltestelle, sondern nur ein Stück Bürgersteig, wo wir rausgelassen werden) ohne Ausweichmöglichkeit stehen bleiben, um auf ihre Freunde, oder Freundin zu warten, stört dich selbst nach so einer Fahrt meist kaum noch.
Für diese Geschichte wäre der letzte Satz ein schönes Ende gewesen. Doch es ist ja noch nicht vorbei. Nach dem Schultag ereilt dich dasselbe Schicksal noch einmal:


Die Rückfahrt.

Die Rückfahrt unterscheidet sich noch einmal komplett von der Hinfahrt. Der größte Unterschied: Es ist laut. Auf der Hinfahrt ist es neben aller anderen bereits genannten Strapazen doch immerhin recht ruhig. Alle sind müde, teilweise noch im Halbschlaf. Vermutlich schauen deshalb auch viele so traurig. Auf der Rückfahrt jedoch ist alles anders. Die Schule ist vorbei, die Leute sind wacher und vor allem deutlich aufgekratzter. Die Haltestelle, die ja wie bereits erwähnt, eigentlich gar keine ist sondern nur ein Bürgersteig mit Schild vor einigen Einfamilienhäusern, füllt sich zunehmend. Bis hierhin ist noch alles friedlich. Einige Fünftklässler schubsen sich auf die Straße, Schüler werfen Wasserflaschen durch die Gegend und lassen gefühlt sämtlichen Müll natürlich auf den Boden fallen - bis dann der Bus kommt:

Die ersten drei Jahre meiner Schulzeit war dieser Zeitpunkt immer recht gut zu erkennen. Wenn der Bus nämlich von der Weststraße aus zu sehen war, ging immer eine Gruppe von Oberstufenschülern ans Ende der Haltestelle und postierte sich dort. Das war jedes Mal das eindeutige Zeichen, dass der Bus kam. Wenn der Bus dann kam, begannen alle Schüler erst mal nach hinten zu laufen. So verlagerte sich der Haltepunkt des Busses immer weiter nach hinten. Und wenn man einen Sitzplatz wollte, musste man wohl oder übel mitlaufen. War der Bus da, begann das Drängeln.

Wer mit dem Drängeln anfängt, das ist eine Frage der Perspektive. Fest steht, es sind auf jeden Fall immer genau die anderen!

Die Oberstufenschüler drängeln, weil die kleinen Fünfer so frech sind und nur schubsen und drängeln und sie dagegenhalten müssen. Die gar nicht mal so kleinen Fünfer (aus deren eigener Sicht) müssen ihrer Meinung nach dagegenhalten, weil die Oberstufenschüler (es sind hierbei übrigens tatsächlich quasi nur Jungs) immer schubsen und drängeln. Der Einstieg in den Bus eröffnet also den traditionellen Ringkampf um die begehrten Plätze. Wenn man es dann geschafft hat einen Sitzplatz zu bekommen, im Optimalfall noch mit einem Freund oder Freundin zusammen, kann die Rückfahrt dann tatsächlich ganz angnehm werden. Man ignoriere gekonnt die Handylautsprecher, lauten Gespräche und Fünftklässler, die im Gelenkteil des Busses meinen an den Stangen schwingend Tarzan imitieren zu müssen (Anmerkung: Auch ich habe das damals hin und wieder getan).

Irgendwann erreichte man dann die eigene Haltestelle zum Aussteigen, verabschiedete sich und stapfte die letzten Meter bis zur Wohnungstür. Wissend, dass es morgen früh wieder von vorne beginnen würde. Die Busfahrt zur Schule – eine prägende Erinnerung.

# Leonie

Leo liebt Leonie.
Doch für Leonie, ist Leo nie das
was Leonie für Leo ist
Dann gibt es neben Leonie und Leo
auch noch Theo.
Theo mochte Leo nie
doch Theo mochte Leonie.
Theo liebt Leonie
auch Leo liebt Leonie.
Leo möchte Zeit verbringen mit Leonie
doch Leonie sieht Leo nie.
Leonie sieht Theo
doch Leo nie.
Leo schaut auf Leonie.
Immer gut riecht Leonie
denn Leonie vergisst ihr Deo nie.
Leo singt von Leonie in jeder Melodie.
Leo kauft Oreo für Leonie.
Leo schaut für sie ZDF Neo.
Leo träumt von Karten fürs Bernabéu.
Mit Leonie nach Madrid
- doch sie käme eh nicht mit.
Für Leo ist Leonie bloß Theorie
ebenso wie wegen Leonie bei Leo nie Geographie
ausfiel
doch lernte Leonie mit Leo nie
sondern nur Mathe
mit Matteo
statt mit Theo
oder Leo.
Und kurz hatte Matteo was mit Leonie
und nicht mehr mit Theo und mit Leo nie.

Theo macht Abitur
Matteo macht Abiur
Leo macht Abitur
Leonie macht Abitur
alle fahren gemeinsam auf Abiabschlusstour.
Sie gehen alle zur gleichen Uni.
Theo studiert Theologie
Matteo studiert Mathe
Leonie studiert Mathe und Theologie
auf Lehramt
Leo studiert Geo (wissenschaften).
Leonie trifft sich jetzt immer
in der Stadtmitte mit Matteo
statt mit Theo oder Leo
und lernt mit Matteo für die Mathetheorie und
manchmal mit Theo für Theologie
doch mit Leo lernt Leonie nie.
Und Leo fragt sich:
Warum Matteo oder Theo?
Leo schmerzt die Erkenntnis
und schämt sich
weil er denkt
dass er zu verklemmt ist.
Der Gedanke an Leonie steht über allem
ganz egal, was ihn noch bedrückt
nicht nur für Leo
jetzt auch für Theo
dafür nicht für Matteo
und Leo plagt sich
und er fragt sich
für sich
und stellvertretend jetzt auch für Theo:
Warum tut das im Herzen nur so weh?
Warum lässt Leonie bei Leo und Theo
das nur zu? – Theodizee.

Leo verliert die Hoffnung nie
die Hoffnung auf Leo und Leonie.
Theo hingegen ist doch logisch
vertieft sich in die Religion
ganz theologisch
dann trifft er einen Mann
das kommt schonmal vor
und fortan trifft sich Theo mit Theodor.
Matteo und Leonie
bleiben in steter Harmonie
und Leo bleibt leonielos
doch wird er Leonie nie los.
So wurde es nie was aus Leo und Leonie
Denn Leonie sah Leo - nie.

## Keine Romantik

Keine Romantik mehr in Gedichten
keine wüsten Liebesgeschichten
nie mehr ein innig heißer Kuss
mit melancholischem Genuß
und all dem andern Stuss ist Schluss.

Sachlich wird geschrieben werden
Nacht ist Nacht und Tag ist Tag
kein Hirndefekt in großen Herden
ich bin Mensch, weil ich nicht klag
weil ich nicht hoffe, mich verliere
alles sehr und nichts kapiere
nicht albern balze, wie die Stiere
nur das, was ist kommt aufs Papiere.

So wollen wir die Welt begreifen
nicht im Farbenmeer anreifen
zerstören tut die Liebesmüh
mit rosa Brille und pink Tutu
wird das Wahre nur verdeckt
und was wichtig ist verreckt
sieh wie das Efeublatt verdreckt
dann wache ich auf erschreckt.

## Steigerlied

Glückauf, Glückauf, der Steiger kommt
und er hat sein helles Licht bei der Nacht
und er hat sein helles Licht bei der Nacht
und er hat sein helles Licht bei der Nacht
dabei, denn es beginnt
die Schicht im Schacht,
Blick auf die Uhr, es ist viertel vor 8
ein neuer Tag im Ruhrgebiet
wird zu Tage gebracht.
Es geht tief unter die Erde,
die Welt draußen verstummt prompt
gelbe Helme, raue Hände
Glückauf der Steiger kommt.
Der kleine Vogel in dem Käfig
in dem matten Licht nichts sieht
die Luft erstickt und Ängste perlen
vor Kohlenmonoxid.
Nun gilt es zu malochen
holt das schwarze Gold nach oben
nehmt das Werkzeug in die Hand
eure Kräfte wollen wir loben
denn sie stehen für den Aufschwung
wenn du in die Wolken flogst
es dröhnen die Maschinen
ein ganze Region auf Koks.
In Gedanken bei der Frau
sie muss jeden Pfennig rechnen
denn trotz den Zechen
gibt es jede Menge noch zu blechen.
In dem Hinterhof der Siedlung
spielen die Kinder mit dem Ball
das Leben findet auf der Straße statt

Staub hängt überall
erst wird so getrickst
wie Helmut Rahn es tat
dann ruft die Mutter laut
und es gibt Rahmspinat.
Sonntag geht es in die Kirche
und danach ein Stück spazieren.
Heute schweigen die Maschinen
als wären sie am sinnieren.
Die großen Dampfrösser auf ihren Gleisen aus Eisen
sorgen für große Kinderaugen
und für unbeschwertes Reisen.
In Klein fährt sie im winzigen Zimmer
Träume sind immer, bei jeder Fahrt dabei
irgendwann hol ich mir die V200, die 103.
Doch den Vater bekommen sie eher selten zu Gesicht
es gibt nicht viel zu erzählen
bleibt alles unten von der Schicht
nur die Kohle kommt nach oben
und der Pulsschlag aus Stahl
und die Bergarbeiter langsam
aus dem dunklen Kellersaal.
Im Gesicht nur die Anstrengung
und es rinselt der Schweiß,
endlich wird es wieder hell
da ist der Himmel, blau und weiß.

Nun gehen die Lichter aus
es ist Schicht im Schacht
doch die Erinnerungen bleiben
wie ein helles Licht bei der Nacht.
Ihr habt diese Region geprägt
ihr bleibt ein Teil der Identität
ein letztes Mal hinunter
und mit gutem Wunsch hinauf - Glückauf!

## Eilige Spuren

Wie kleine Sterne fallen Flocken
auf Zweige, die am Boden hocken
decken sanft in stillem Sein
über Nacht das Städtchen ein.

Rauk, der Rabe sitzt am Zaune
frierend bibbert ihm die Schnabelspitze
trotzdem trägt ihn gute Laune
er erzählt den anderen Witze
schüttelt Flocken aus Gefieder
baut einen Raben, ganz in weiß
saust durch die Tannen, Kreis für Kreis
und singt die ersten Weihnachtslieder.

Das Mäuslein aus der Nachbarsgrube
piepst in all dem Schneegewimme
ruft den Rauke in die Stube
mit ihrer glockenhellen Stimme:

"Rauk, kohlengefärbter Bruder
unserer kleinen Heimatstadt
sieh, was unsere Menschen treiben
die Lichter glänzen hell und matt
wie in jedem Jahr, so scheint es
doch diesmal scheint etwas zu fehlen
was diese Zeit doch steht's vereint ist
sich nicht mit Sorgen rumzuquälen.
Stadtdessen soll doch endlich Zeit sein
das Wunder dieser Welt zu blicken
neben alldem was der Herr vollbracht hat
uns nun auch seinen Sohn zu schicken.
Auf dass wir nie mehr sorgen müssen

ein Licht in stillen, dunklen Tagen
die Menschen endlich sich vertragen
sich lieb umarmen, herzen, küssen.
Doch was seh ich, hör ich von den andern
die oft in der Menschen Stube wandern?
Es ist ein Jammer und ein Graus
so kam es durch, von Maus zu Maus.
Die Menschen werden stets gehetzter
Eile ist in aller Munde
wer nicht läuft, ist oftmals letzter
oh, welch schöne Weihnachtskunde!
Hier geschrien, dort gebrüllt
das ist's was das Städtchen füllt
alles voll mit bunten Lichtern
und Stress auf blassen Herbstgesichtern.
Mein Freund, dies ist doch gar ein Jammer
grad so bald vorm Weihnachtstage
selbst unten an dem Schleiper Hammer
steht der Weihnachtsmarkt infrage.
Keine Zeit mehr, es lohne sich kaum
kein Winterwunderland mehr
die Kirchen bleiben leer
wenn du mich fragst: Ein Albtraum."

Der Rauk schwieg betroffen
als die Maus geendet
schonmal hatte sein Gram
sich gegen die Menschen gewendet.
Doch dieses Mal stimmte es ihn eher traurig
so ein Fest erschien ihm schaurig.

„Mäuslein, lass uns ihnen helfen
sich selbst zu finden
sollen Eile und Hast
eilig und hastig verschwinden

Menschen sind zwar oftmals weise
doch leider auch nicht gerade leise
um zu hören was es bedeutet
also lass uns sie besinnen
am morgigen Tage
wenn die Glocke hell läutet."

Sie besprachen ihren Plan
und gingen ihrer Wege
Rauk betrieb noch etwas Gefiederpflege
dann gingen sie schlafen.

Am nächsten Morgen in der Früh
es war ein Montag
hörte man bald ein Tatü
Gehupe, Gezeter, Lärm und Geschrei
bald stand auf den Straßen
halb Kierspe dabei.
Was war geschehen?
Nun am Wildenkuhlen
standen die Busse zu den einzelnen Schulen
die Laster, Kleinwagen, Stange an Stange
sie warteten schon und sie warteten lange.
Die Ampeln waren herabgerissen
die Kabel verschwunden und durchgebissen
überall Äste verteilt
kein Durchkommen mehr
Schulen und Büros blieben erst einmal leer.
Ausgebremst waren die Menschen
nun wahrlich
doch brachte es nichts
sie blieben beharrlich
fluchten und meckerten
keine Spur von Ruhe
jeder schob die Schuld dem anderen in die Schuhe.

Da schreckte der Rauk auf aus dem Schlaf
weil ihn der Schreck wie ein Blitze traf.
Er blinzelte noch und vernahm es kaum
doch all das Chaos war wohl nur ein Traum.
Der Rauk atmete durch
flog hoch auf ein Dach
hatte den Traum vor Augen
das Chaos, den einhellenden Krach
flog zu dem Mäuslein und sprach:
"Mäulsein, ich träumte
von einer grausigen Idee."
Der Rauk berichtete von was er geträumt
und zugleich er eingeräumt.
„Das wäre wohl kein guter Plan
die Menschen würden Streiten
und noch mehr gestresst
diese Eile scheint wie eine tödliche Pest
nichts wird sie aufhalten
nicht gar eine Straßenblockade
der Traum wär in Wahrheit eine Niederlage"

Die Maus sprach:
"Auch ich habe die Nacht
nicht traumlos versäumt
doch der Traum war kein Traumlos
ich werde es kaum los
drum wenn's dich erfreut
berichte auch ich,
was ich so geträumt."

So sprach das Mäuslein:
"Auch ich in meinem behaglichen Häuslein
träumte eine ganze Weile
von der Menschen große Eile
die wie dicke lange Seile

sich um der Menschenfreude winden
drum dachte ich etwas zu finden
dass die Eile mindern möge.
So fing dann auch mein Traum ein Plan:

Denn plötzlich ging kein Licht mehr an
keine Thermoskanne, kein Thermomix
kein PC, kein Toaster, einfach nix
Rauk, der einige Nager kennt
hatte mit ihnen die Leitung durchtrennt
Doch anstatt, dass sie sich nun besinnen
einander helfen und sich drinnen
gemütlich ein paar Kerzen zünden
schien es in einem Chaos zu münden
Teller klirren, während Kinder frieren
statt Einkauf für Weihnachtssocken,
in der Bude hocken
doch ohne den Blick für die Stille der Zeit.
Dann erwachte auch ich erschreckt
doch keine gute Idee hat mich aufgeweckt."

Die Maus schwieg, als sie geendet
und so schwiegen Maus und Rabe
das Wort entwendet.
Dann begann Rauk, der Rabe sachte die Worte zu
wählen:
"Lasst uns nun nicht länger quälen
mit solchen trüben Gedanken
die Menschen bringen wir nicht ins Wanken
sie sehen nur ihr eigenes Wohle
ihnen geht es oft nur um Kohle
sie hören nicht auf unser Tun
Berge und Täler sollen ruh'n.
Wie könnt ihr nur? -frag ich mich oft
doch endet alles, falls man nicht mehr hofft.

Ich hab' wohl versagt als Wappentier
nur noch die Hoffnung hält mich hier.
Wollte, dass sie das wahre Gefühl erfuhren
doch überall im Schnee
sind nur eilige Spuren.
Ich bitte dich mich nicht auszulachen
doch ich will mich auf die Suche machen
zwar sind sie lange schon verschollen
doch vielleicht gibt es sie noch
die Schanhollen.
Sie gedenke ich zu finden
ihnen kann es gelingen
den Menschen Weihnacht wiederzubringen."

So erhob sich der Rauk in die Luft empor
und während alles eilte und fror
begann der Rauk über all dem Fluchen
die kleinen Zipfelmützen zu suchen.

Fortsetzung folgt...

## Hakuna Matata

Ich öffne die Augen. Mir ist, als hätte mir jemand
Traumsand in die Augen gestreut. Vor mir steht ein
Junge mit Feenflügeln und schaut mich an.
„Bist du startklar?", fragt er erwartungsvoll.
Ich reibe mir verwundert die Augen und stelle fest,
dass ich immer noch im Hörsaal an der Uni sitze. Nur
mit dem Unterschied, dass jetzt dieser Junge auf
meinem Tisch sitzt und ich anscheinend der einzige
bin, der ihn bemerkt.
„Eigentlich sollte Mary Poppins dich abholen, aber
die hatte keine Zeit. Nun aber rasch, man wartet
bereits auf dich", sagt der Junge mit Blick auf seine
goldene Taschenuhr und nimmt mich bei der Hand."
Jetzt erkenne ich ihn, es ist Peter Pan, leibhaftig sitzt
er vor mir.
„Was machst du hier? Und wo sollen wir hin?", frage
ich ihn entgeistert.
Er kichert. „Ich bin gekommen, damit du mal wieder
etwas richtiges lernst. Komm schon, Piggeldy, lass
uns losfliegen."
„Wir können doch nicht einfach fliegen", erwidere ich
entgeistert.
„Natürlich können wir das. Bis zur Unendlichkeit und
noch viel weiter. Alles was wir brauchen ist Glaube,
Verstand und ein bisschen Feenstaub."
Mit diesen Worten nimmt er mich bei der Hand und
schwebt mit mir hinaus aus dem Hörsaal und dem
Gebäude, unbemerkt von allen anderen zu den
Wolken hoch.

Die Uni und die Stadt verschwinden hinter dichten
Nebelschwaden und kaum, dass ich mich an das

seltsame und doch befreiende Gefühl zu Fliegen gewöhnt habe, deutet Peter Pan auf etwas Grünes zwischen den Wolken. Von weitem erkenne ich eine Insel mit zwei Bergen, umgeben vom tiefen blauen Meer.

Wir gehen runter und landen zu Füßen eines grünen Drachen, der uns anscheinend schon erwartet hat.

„Willkommen in Nimmerland", begrüßt Tabaluga mich freundlich, „schön, dass du da bist, wir haben dich schon lange vermisst."

Etwas verwirrt schaue ich mich um. Wir stehen an einem Straßenrand umgeben von Häusern in den unmöglichsten Formen und Farben, teilweise aus Süßigkeiten geformt oder scheinbar in der Luft schwebend. Peter Pan verbaschiedet sich von Tabaluga und mir und ehe ich mich versehe, ist er schon wieder in den Wolken verschwunden. Tabaluga lächelt immer noch und scheint meine Verwirrung nicht zu bemerken:

„Du bist also heute hier, um die Vorlesung an der Nimmerlanduniversität zu besuchen. Ich werde dich heute begleiten. Aber zuerst muss noch meine Freundin Kim abholen."

Er geht die Straße runter, ich folge ihm. An der Straßenecke leuchtet ein blaues Schild, welches auf eine Polizeistation hindeutet.

„Hier müssen wir rein", sagt Tabaluga und öffnet die große Glastür.

Wir betreten die Polizeistation. Auf einem Schild am Eingang steht in goldenen Buchstaben: „Räuber und Gangster, Gauner und Verbrecher, wir sind da wo keiner ist, wir schlagen die Ganoven in die Flucht."

Auf dem Boden liegen ein paar Pfefferkörner verstreut.

Wir gehen einen Gang entlang. Auf einem Plakat sind

Hinweise für Fragen bei einem Notruf aufgelistet. „Wieso? Weshalb? Warum?" Darunter steht in roter Schrift: „Wer nicht Hilfe holt, ist dumm."

Wir gehen am Ende des Ganges durch eine Tür und stehen vier Polizisten gebenüber, die gerade versuchen eine junge Frau zu befragen. Diese scheint sich doch zu weigern und redet auf Englisch auf die Beamten ein:

"I'm your basic average girl
and I'm here to save the world
you can't stop me
because I'm Kim Pos-si-ble."

Als sie Tabaluga entdeckt, hellt sich ihre verärgerte Miene auf. Tabaluga schenkt ihr kurz einen freundlichen Blick und wendet sich dann den Beamten zu.

„Moin, Tim, hi Karl, hallo Gabi, hallo Klößchen, alle klar bei euch? Was macht ihr mit meiner Freundin?"

„Moin, Tabaluga. Wir haben nur den Befehl bekommen sie festzuhalten, frag ihn hier", sagt Tim und deutet auf einen etwas pummeligen Jungen, der grade den Raum betritt. Er kommt mir irgendwie bekannt vor.

Tabaluga macht einen Schritt auf ihn zu und fragt freundlich aber bestimmt:

„Warum haltet ihr Kim gefangen? Wer seid ihr überhaupt?"

„Mein Name ist Justus Jonas. Darf ich Ihnen unsere Karte geben?", sagt er und hält mir eine Visitenkarte engtgegen.

„Sie steht unter Verdacht, ein Lachen entwendet zu haben. Wir haben da von fünf Freunden einen Tipp bekommen."

„Kim ist unschuldig, da würde ich jeden Taler drauf verwetten.", sagt Tabaluga.

„Auf dein Wort, mein grüner Freund. Dann darf sie gehen. Aber wehe, wenn ich den wahren Täter erwische. Den soll der Teufel holen."

„Keine schlechte Idee," sage ich. „Vielleicht statten sie dem Baron mal einen Besuch ab."

Wir verlassen mit Kim das Revier und machen uns auf den Weg zur Uni.

Plötzlich hält mich Tabaluga fest und zieht mich zurück. Knapp vor meiner Nase sausen auf einmal zwei berittene Pferde vorbei.

„Danke,", sage ich zu, „Wer ist das denn?"

„Das sind Bibi und Tina."

„Auf Amadeus und Sabrina?", frage ich ungläubig.

„Ja."

„Was machen die denn hier?"

„Sie jagen im Wind, sie reiten geschwind."

„Warum?"

„Na, weil sie Freunde sind."

Als wir den kunterbunten Campus erreichen, frage ich Tabaluga:

„Träume ich das eigentlich oder ist das real?"

„Tss, was ihr Erwachsenen immer so an der Realität findet...", sagt Tabaluga nur.

Plötzlich spricht uns ein Mädchen mit orangenen Haaren, zwei Zöpfen und einem Affen auf der Schulter an:

„Hi Jungs, habt ihr auch heute die Vorlesung bei unserem Rektor?"

„Hi Pippi, ja wir sind grade auf dem Weg dahin.", antwortet Tabaluga.

„Was lernen wir denn eigentlich da?", frage ich verwundert.

Pippi kichert: „Ach, wir lernen kein Mathe und auch

kein Latein, bei uns zieht man sich dafür Kinderkram rein. Ganz einfach, 2x3 macht vier, und drei macht Neune. Wir machen uns die Welt wie sie uns gefällt."

„Wie soll das denn gehen? Das funktioniert doch gar nicht."

„Ach Junge, alles ist relativ normal, selbst Einstein hatte nur ne 4 in Mathe und war später mal total genial. Bis später ihr beiden, ich warte eben noch auf Tommy und Annika.", sagt Pippi Langstrumpf und hüpft auf einen Schimmel, der ihr gerade entgegenläuft.

„Warte kurz, ich hole mir noch eben etwas zu trinken", sagt Tabaluga, verschwindet in einem kleinen Laden und kommt kurze Zeit später mit einem dampfenden Becher heraus, aus dem ein leicht grünliches Gebräu seinen Geruch verströmt. „Was ist das?", frage ich.

„Das ist der satanarchäolügenialkohöllische Wunschpunsch. Das Beste, was du hier kriegen kannst. Willst du mal probieren?"

Ich verneine höflich und wir schlendern aus dem Gebäude hinaus.

„Hier ist ja alles voller Löwenzahn.", sage ich verwundert und deute auf die gelb getränkten Wiesen um den Campus herum."

„Lustig, oder?"

„Weißt du wo wir hinmüssen?"

„Ich weiß nur, dass wir zum Regenbogenhörsaal müssen. Wo der ist, weiß ich nicht. Ah, da ist ja der Rektor, fragen wir ihn doch einfach", sagt Tabaluga und deutet auf einen älteren Herren mit weißen Haaren.

Tabaluga stellt sich uns beiden vor und sagt dann: „Wir möchten zur ihrer Vorlseung."

„Das ist ja wundervoll,", sagt der Rektor, „Mein Name

ist Doktor Snuggles, ich zeige euch den Weg zum Regenbogenhörsaal. Mein kleiner Assistent wird auch noch dazukommen."

Wir folgen Dr. Snuggles und gelangen schließlich an das Ende eines Regenbogenstreifens, hinter welchem eine kleine Tür zu erkennen ist.
„Helft mir mal kurz bitte", sagt Dr. Snuggles und gemeinsam schieben wir den Topf voll Gold an die Seite, der den Eingang blockiert.
Als wir den Hörsaal betreten, ist dieser schon fast bis zum anderen Ende des Regenbogens gefüllt. Ich erkenne viele alte Bekannte von früher, die Biene Maja und Willi sitzen dort in einer Ecke und unterhalten sich mit einem Mädchen. Da wir uns neben sie setzen, kann ich einige Gesprächsfetzen aufschnappen. „Voll cool, du bist ja eine ganz flotte Biene, Willi. Ich bin übrigens Heidi und meine Welt sind die Berge." Zu meiner anderen Seite sitzt eine Ente und lacht schallend vor sich hin.
Ich beuge mich flüsternd zu Tabaluga rüber und deute auf meinen Nachbarn.
„Warum ist er so fröhlich? So ausgeprochen fröhlich? So fröhlich war ich nie."
„Ach, das ist Alfred J. Kwak, der ist immer so."

Dr. Snuggles hat sich mittlerweile unten an seinen Platz gesetzt und rückt einige Unterlagen zurecht. Als er sich erhebt, verstummen alle schlagartig und ein einstimmiger Gesang setzt ein:
„Jetzt lernen alle Kinder, macht auf dem Podium Licht, lernt eifrig bis der Kopf, sich schüttelt und zusammenbricht."
Der Rektor deutet nach links und sein Assistent, eine kleine Maus mit Sombrero, betritt den Raum. Neben

mir beginnen Mickey Maus, sowie Bernhard und Bianca frenetisch zu jubeln. Erneut füllt ein Gesang den Hörsaal:

„So schlau ist keiner irgendwo Speedy bi, Speedy bo, von Nimmerland bis Lummerland, die schlauste Maus von Mexico."

Es folgt ein frenetischer Applaus, bis schließlich Dr. Snuggles die Hand hebt und das Wort ergreift:

„Liebe Kinder, ich freue mich heute wieder hier sein zu dürfen und euch das Wissen der Kindheitsmagie ein Stückchen näher zu bringen. Und mein Assistent an meiner Seite ist auch heute wieder frech und froh, die schlaueste Maus von Mexico."

Erneut brandet Jubel auf. Ein paar Reihen vor mir tröten der blaue Elefant aus der Sendung mit der Maus und Benjamin Blümchen gemeinsam, bis Dr. Snuggles wieder die Hand hebt und der Hörsaal verstummt.

„Leider kann der Weihnachtsmann heute nicht da sein. Ich hatte ihm zwar einen langen Brief geschrieben, dass ihn alle Kinder lieben, aber er hat momentan einfach zu viel zu tun."

Ein enttäuschtes Stöhnen erfüllt den Raum. Dr. Snuggles hält einen Moment inne und fährt dann fort: „Bevor wir mit der Vorlesung beginnen, möchte ich noch eben eine Meldung der Polizei weitergeben, die mir vorhin vermittelt wurde. Einem Jungen namens Tim Thaler wurde sein Lachen geklaut. Hinweise auf den Täter nimmt die Polizei entgegen, außerdem sind die Panzerknacker seit kurzem wieder auf freiem Fuß, deshalb passt bitte auf eure Wertgegenstände auf."

Ich sehe, wie eine Reihe vor mir Dagobert Duck sich hektisch umsieht.

„Zu guter Letzt möchte ich noch den Gewinner

unserer Verlosungsrunde bekanntgeben. Es ist....
Sindbad, der Seefahrer!"
Unter lautem Jubel betritt Sindbad das Podium.
Tabaluga beugt sich zu mir: „Schau, wie viel Glück
dieses Kind hat.", flüstert er mir zu, während Sindbad
einen Sack voll Süßigkeiten entgegennimmt und sich
freundlich für einen Strauß Blumen bedankt.

Dann beginnt die Vorlesung und so sehr ich es
möchte, kann ich nicht beschreiben, was passiert. Ihr
müsst es selber erleben! Ich fühle mich wie getragen
in einem Traum, in diesem Wunderland, falle durch
eine Vielzahl von Kaninchenhöhlen und Honigtöpfen
eines gelben Bären, laufe durch Straßen voller
Sesamsamen, reise um die Welt mit einem Koffer in
der Hand und schreibe Briefe von allen Orten die ich
besuche, bis ich irgendwann wieder nachhause
komme und verliere mich vollkommen und merke,
dass ich beginne mich wieder zu finden.

Als ich wieder zu mir komme, höre ich wie Dr.
Snuggles sich verabscheidet:
„Kinder liebe Kinder, es hat mir Spaß gemacht. Nun
schnell nachhaus und spielt recht schön, dann will ich
auch ich nachhause gehen. Ich wünsche euch noch
einen schönen Tag."
Erschrocken schaue ich mich um. Soll es das schon
gewesen sein? Ich möchte noch nicht aufhören, es
war grade so schön. Ich höre mich durch den Hörsaal
rufen:
„Wer hat an der Uhr gedreht, ist es wirklich schon so
spät? Rektor, Rektor, mach doch weiter, hier stimmt
mich das Lernen heiter."
Doch der Rektor schüttelt nur den Kopf und sagt:
„Heute ist nicht alle Tage, ich komme wieder, keine

Frage."
Wir packen unsere Sachen, ich schüttel viele Hände,
Federn und Flossen, dann gehen wir hinaus.
Mittlerweile hat es zu dämmern begonnen. Einige
Gänse landen an unserer Seite, als wir auf der von
Löwenzahn gesäumten Wiese vor dem Gebäude
stehen. Tabaluga schaut mich an:
„Komm, fliege übers Land, Schmetterlinge fliegen
mit. Dorthin wo die Hühner gackern und ein neuer
Tag beginnt. Du musst wieder zurück,
du bist jetzt Erwachsen."
Ich spüre, wie mir die Tränen in die Augen steigen.
„Aber ich wollte nie Erwachsen sein, hab immer mich
zur Wehr gesetzt."
Tabaluga nimmt mich in den Arm und flüstert mir zu:
„Irgendwo tief in dir bist du ein Kind geblieben und
solange du es noch spüren kannst, ist es nicht zu
spät für dich. Wir alle hier leben in dir. Und wenn
jemals ein Tag kommt, bei dem wir nicht zusammen
sein können, dann schließe uns in dein Herz und wir
bleiben dort für immer."

Und mit einem Male fühle ich mich wieder wie ein
kleines Kind, voll kindlicher Gedanken und
undurchbrochener Freude.
Ich löse mich von Tabaluga, winke ein letztes Mal
zum Abschied und fliege dann mit den Wildgänsen
Richtung Horizont.

Schleierwolken
Schleierwolke
Schleierwolk
Schleierwol
Schleierwo
Schleierw
Schleier
Schleie
Schlei
Schle
Schl
Sch
Sc
S
Sc
Sch
Schl
Schle
Schlei
Schleie
Schleier
Schleierw
Schleierwo
Schleierwol
Schleierwolk
Schleierwolke
Schleierwolken

## Abstand

Tanz
Distanz
Ist Tanz dann noch das richtige Wort?
Komm Distanz mit mir
ganz ohne Distanz mit mir
wenn man sich ohne Distanz ziert
statt distanziert
und in Abstandardsituation bringt
und mit sich ringt
am jetzigen Standort zum Abstandort.

Also ab Stand jetzt: Abstand jetzt!
Dachten wir wären mit Abstand am Besten
und jetzt verhalten wir uns mit
mit Abstand am Besten
dafür müsste es reichen
es stellen sich jetzt Weichen
doch wir weichen voreinander zurück.
Das kräftige Licht verdünnt sich
ich sehe aus mit Abstand, 1,50m
oder besser noch zwei – fel, stehen
und halten nicht den nötigen Abstand ein den ich
vielleicht möchte
und schon übertragen sich Gedanken
die mir Sorgen machen
was feststand, wird Abstand
und fern ab stand ich
doch verstand ich
oder mein Verstand nicht.

Wenn Gedanken, die wir einst verstanden versanden
wann denn?

Wann wird es wieder sein wie zu vor?
Zu voreilig sind die
Abstandsbeschränkungslockerungen
oder zu locker die Abstandsbeschränkungen?

Wortverrenkungen letzt endlich
doch wann beruhigt sich die Lage letztendlich
und jetzt endlich
Ziele, die plötzlich fern ab stehen
und meine Ohren sind am abstehen
weil wir jetzt Masken tragen
doch haben wir nicht unsere Masken
schon vorher getragen?
Wenn wir uns verstellt vorgestellt haben
und unser wahres Gesicht
hinter einer Maske verbargen?
Eine Maskerade und diese Maske gerade
vermischt was gesagt wurde
was wahr ist und was falsch gesagt
zu lernen, was es heißt
auf Abstand zu gehen.
Ich distanziere mich
und bilanziere nicht
Abstand zu Rassismus und Sexismus
wie nah stehst du zu Allah oder zu Christus?
Zu Umweltschutz und Krieg und Leid?
Stehst du auf kurzen Abstand, oder weit
weg von dem und wahrst den Anstand
oder wozu gehst du auf Abstand?
Willst du Ab-standfestigkeit zeigen?
man kann doch zu sich stehen wie man will.

Es trägt die Erinnerungen
und dann fügt sich das Bild zusammen
mit etwas Abstand betrachtet.

# Kopflos

Du hast geglaubt, nach all den Jahren
wäre ich endgültig weg
besiegt am Boden
eine Randerscheinung
dort wohin ich gehöre: im Dreck.

Doch ich war nie wirklich weg.

Ich niste noch in vielen Köpfen
und sähe Vorurteile aus
irrationale Ängste
und ich verurteile aus
dem Bauch heraus
pauschalisiere
werfe alle in einen Topf
und es kocht in dir
und ich sitze weiterhin
in deinem Kopf.

Auch in deinem
auch wenn du denkst
du bist gegen mich immun
du denkst du bist nicht infiziert
versuchst ja nur Gutes zu tun
doch auch in dir bin ich drin
vergiß das keinen Augenblick!

Leute glauben zu lassen
ich bin nicht in ihnen
ist der Trick
denn dann denken sie
sie denken vernünftig

und sie tun keinem weh
sie sind nicht so, wie die Anderen
doch auch ich bin, wie eh und je
in ihren Köpfen und in einem
ungestörten Augenblick
sagen sie Dinge, die verletzen
und das ist grade der Trick
denn sie denken sich nichts dabei
denn sie sehen sich nicht als das Problem.
Das Problem sind nur die anderen
diese Ansicht ist bequem.

Und deswegen folgt nach dieser Aussage kein „aber"
und kein relativieren
keine Einschränkung und kein ironisieren
ich sag es frei heraus auch wenn ich nicht stolz drauf
bin und es bereue:

Ich scheue
manche Menschen auf den ersten Blick
und manchmal auf den zweiten
aufgrund ihres Aussehens, ihrer Herkunft
weil sie mir Unwohlsein bereiten
ich mache manchmal Witze
auf Kosten von Minderheiten
und diskriminiere andere Menschen
ich brauche es nicht bestreiten
ich habe Vorurteile
und ich realisier':

Er steckt in so vielen Köpfen
und auch in mir.

# Der hässliche Schwan

Es war einmal ein kleiner Schwan, der lebte mit seinen Geschwistern und seiner Mutter in einem großen Nest am Rande eines Sees. Dem Schwan ging es gut, er hatte genug zu Essen, ein gemütliches Nest und stets den Schutz seiner Mutter um sich.
Dennoch hatte der Schwan das Gefühl nicht ganz dazu zugehören. Er hatte nicht ganz so schönes weißes Gefieder, wie seine Geschwister. Es zeigte an einigen Stellen graue Flecken. Doch obwohl es nur kleine Flecken waren, verspotteten ihn seine Geschwister von Zeit zu Zeit und es gab Momente, da fühlte er sich ganz hässlich und wertlos. Er fragte sich, ob etwas mit ihm nicht stimme, wo er doch in so einer glücklichen Familie lebte und ihre Mutter für sie alle sorgte. Trotzdem hatte er das Gefühl, dass seine Mutter ihn oft nicht so beachtete und ihm dieselbe Aufmerksamkeit schenkte, wie seinen Geschwistern. Das machte ihn traurig.

Eines Tages fand der hässliche Schwan ein goldenes Amulett am Ufer des Sees. Voller Freude nahm der er es mit und lief damit nachhause zu seinem Nest.
Er überreichte es seiner Mutter voller Stolz, doch diese nahm es kaum zu Kenntnis. Voller Enttäuschung fragte sich der hässliche Schwan, was den los sei und erblickte mit einem Male eine Gruppe von neuen Schwänen, die gerade von seiner Mutter gefüttert wurden. Sie sahen jedoch nicht so aus, wie es der Schwan gewohnt war. Sie waren kleiner und ihr Fell war blassgrau anstatt glitzerweiß.
„Mama, was sind das für welche?", fragte er.
„Das sind ab heute eure Geschwister. Sie sind neu bei

uns im Nest, kümmert euch gut um sie, dann werden sie eines Tages auch so prachtvolle Schwäne werden, wie ihr es bereits seid."

„Aber warum sind sie hier? Und was ist mit dem goldenen Amulett was ich gefunden habe und dir schenken möchte?"

Doch die Mutter sprach: „Ich habe gerade keine Zeit, mein Kind. Ich muss mich zuerst um deine neuen Geschwister kümmern."

Da ging der hässliche Schwan traurig davon. Er war enttäuscht darüber, dass seine Mutter keine Zeit für ihn hatte und auch sauer auf diese fremden Schwäne, obwohl sie ihm eigentlich nichts getan hatten. Er setzte sich auf einen Baumstumpf und begann zu schluchzen.

Plötzlich hörte er eine feine Stimme:

„Nanu, warum weinst du denn, mein lieber Schwan?" Der hässliche Schwan schaute auf.

Der Fuchs stand vor ihm, groß, mit dichtem rotem Fell und einem freundlichen Lächeln.

„Möchtest du mir nicht erzählen, was dich bekümmert?", fragte der Fuchs und setzte sich zu Seiten des Schwans. Dieser schluchzte noch einige Male und erzählte dann dem Fuchs von seiner Mutter, dem Amulett und den neuen Schwänen, um die sich seine Mutter jetzt kümmern musste. Als er fertig war, legte der Fuchs seine Pfote um den Schwan und sagte: „Soll ich dir sagen was los ist? Es ist ganz einfach: Das Problem sind die neuen Schwäne, die deine Mutter zu sich bekommen hat. Hast du nicht bemerkt, dass sie gar nicht so aussehen wie du? Die sehen anders aus, die schnattern anders und denken anders als ihr. Es gibt sogar manche dieser vermeintlichen Schwäne, die euch in die Seen locken und euch dann ertränken, nur weil sie denken, dass sie besser sein. Diese fremden Schwäne bekommen von deiner Mutter das gleiche Essen, die gleiche Fürsorge wie ihr wahren Schwäne es tut? Ist das nicht ungerecht? Sie verstehen dein Geschnatter gar nicht, machen sich in deinem Nest breit und verdrängen dich und deiner Geschwister nach und nach aus deiner Familie. So ist es doch, oder nicht?"

Der hässliche Schwan war nun verunsichert, die Worte des Fuchses erschienen ihm vernünftig und doch hatte er Zweifel: „Aber ich habe meine Geschwister gefragt. Die sagen, dass die anderen Schwäne eigentlich so sind wie wir, dass sie freundlich sind und ich sie verstehen werde, wenn ich mich auf sie einlasse und ihnen etwas Zeit gebe."
Der Fuchs lachte verächtlich: „Das hat deine Mutter ihnen erzählt. Du darfst deinen Geschwistern nicht glauben. Deine Mutter hat es ihnen in ihre Köpfe gepflanzt, wie rankendes Efeu hat sie süße Lügen verbreitet und ihnen Honig ums Maul geschmiert. Sie redet ihnen ein, dass wir es gemeinsam schaffen würden. Sie verbreitet Lügen und versucht euch davon zu überzeugen so zu denken, wie sie es für richtig hält, obwohl ihr eigentlich wisst, wie es wirklich ist. Deswegen hat deine Mutter dein Amulett auch nicht angenommen. Sie interessiert sich nicht mehr für euch, ihr sind die anderen Schwäne mittlerweile lieber und früher oder später werden sie euch aus dem Nest jagen oder ertränken. Das ist die Wahrheit. Doch du und deine Geschwister werdet mit Lügen vollgepresst und diese Lügenpresse verhindert, dass ihr die Wahrheit erkennt."
Da erschrak der hässliche Schwan und mit einem

Male war ihm alles klar. Er wusste nun, warum seine Geschwister diese Dinge gesagt hatten, warum seine Mutter ihn abwies und seine Enttäuschung, sein geringes Selbstwertgefühl und die Erklärungen des weisen Fuchses schlossen sich vor seinen Augen zu einem scharfen Bild zusammen, in denen es endlich eine einfache Erklärung für alles gab.

Von dieser Erkenntnis getroffen sprach der hässliche Schwan zu dem Fuchs:
„Es stimmt was du sagst, ich habe es nur nicht erkannt. Doch was soll ich jetzt tun? Ich muss es meinen Geschwistern erzählen und sie warnen."
„Sie werden nicht auf dich hören. Sie werden weiter die Lügen aus sich heraus würgen, die ihnen einverleibt wurden. Es gibt nur eine Sache, die du tun kannst. Du musst mich zum Nest deiner Mutter führen. Ich werde sie umstimmen können. Dann werden die fremden Schwäne das Nest wieder verlassen und deine Mutter wird endlich erkennen, dass nur ihr ihre wahren Kinder seid."
„Aber meine Mutter hat mir stets gesagt: Führe niemanden zu deinem Nest, schon gar nicht wenn du ihn nicht kennst und er dir irgendwas verspricht."
„Das war doch wieder nur eine Lüge. Sie wollte damit nur verhindern, dass du die Wahrheit erkennst. Doch mit meiner Hilfe werden du und deine Geschwister die größten Schwäne von allen sein. Vielleicht gehört euch heute dieses Nest, doch morgen der ganze See, ein jedes Tier wird euch bewundern für eure Stärke, eure Schönheit und ihr werdet unbesiegbar sein."
„Du hast Recht, weiser Fuchs. So wird es kommen, es gibt nur eine echten Sorte von Schwänen und das sind wir. Ich werde dir den Weg erklären."
„Gut", sagte der Fuchs mit einem hinterlistigen

Grinsen, „dann werde ich fortgehen und mit deiner Mutter sprechen. Du wartest hier und wenn du in drei Tagen zurück an dein Nest kommst, werden dort nur noch deine Geschwister und deine Mutter sein, keine grauen Viecher mehr."

So beschrieb der hässliche Schwan dem Fuchs den Weg zum Nest und blieb drei Tage lang auf dem Baumstumpf sitzen. Nach drei Tagen machte er sich auf den Weg zum Nest, voller Freude darüber, dass er nun endlich ein stolzer Schwan sein konnte.
Doch als der Schwan sein Nest erreichte, war es verlassen. Von seinen Geschwistern und den fremden Schwänen war nichts zu sehen. Stadtdessen entdeckte er eine Spur von zerrissenen Federn auf dem Boden und er erkannte, dass die fremden Schwäne ihr graues Gefieder verloren und nun ebenfalls ein glitzerndes weißes Gefider bekommen haben mussten.
Doch er entdeckte noch etwas. Ein paar dieser Federn waren eingefärbt von einer Lache mit rotem Blut und inmitten dieser Blutlache lag das Amulett, welches der hässliche Schwan seiner Mutter geschenkt hatte. Da erkannte er, dass der Fuchs ihn hintergangen hatte. Dieser nämlich hatte die Mutter gefressen, die fremden Schwäne in den Wald gejagt, wo sie einsam und orientierungslos verendet waren und hielt die Geschwister des hässlichen Schwanes nun als seine Gefangenen in seinem Bau, wo sie Tag für Tag für ihn schuften mussten, bis sie schließlich zusammen brachen und der Fuchs sie ebenfalls verschlang. Somit war der Fuchs nun der Herrscher am See geworden und der hässliche Schwan saß nun alleine in seinem Nest und weinte stumme Tränen auf ein goldenes Amulett

## Die Rose

Ein nasskalter Tag
am Anfang des Jahres
am Himmel nur grau
nichts helles, nichts klares.
Der Wind lässt leise
quietschen die Pforte
langsam betrete ich diesen Orte.
In Reihen da ruhen sie
alle beisammen,
vereint durch des Todes
wärmende Flammen.
Ein jeder, egal wer er auch war
liegt nun in der Urne
oder im Sargmöbiliar.
Meine Füße schallen
auf gepflasterten Steinplatten
auf deren Schultern
sie schon viele Tränen und Pein hatten.
Ich halte inne
und stehe vor dem Grab
lese stumm, wer da vor mir starb.

Sie war noch zu jung, als sie kamen
ein Flüstern, ein Wispern
und zittriges Amen.
Mit frohen Gedanken
blickte sie auf die Welt
als im Westen des Landes
der erste Schuss fällt.
Ein Sommer ging vorbei
die Sonne schien fleißig
es wurde ein stürmischer Herbst 1939.

Entladene Kräfte, getragene Leichen
man sah der Natur
ihre Farben erweichen
ins Lande gingen die Tage
aus Tage wurden Wochen
während sich die letzten Tiere
in ihren Quartieren verkrochen
ein Schreien, ein Fallen
ein Marschieren der Truppen
und den Kindern nahm man
ihre Wiegen und Puppen.

Sie hatte sie geliebt
ihre Puppen und Wiegen
doch Mutter sprach:
„Komm und lass alles liegen!"
Ihre treuen Begleiter
so ging sie fort
denn das Sterben ging weiter
Ort für Ort.
Zur Grenze geflohen
auf Stroh Zigaretten gegen Eier getauscht
und nachts nach den drohenden
Schüssen gelauscht.

Geschafft war ihre Mutter
und hatte es doch nicht geschafft
eines Tags in einer Scheune mit letzter Kraft
ein paar Soldaten getroffen
in blutiger Uniform, packten sie roh
zogen sie an den Haaren nach vorn.
Es schrie ihre Mutter
sie flehte und bat
dass man es ihr
statt ihrer Tochter antan.

Sie wusste nicht mehr viel
nur dass sie von ihr wegrückten
und stadtdessen ihrer Mutter
die Beine auseinanderdrückten.
Irgendwann ließen sie von ihr ab
die letzten Sonnenstrahlen schimmern
sie hört nur das Keuchen der Mutter
und ein stummes Wimmern.
Sie war nie wieder dieselbe
manche Zeit heilt keine Wunden.
In einem kleinen Dorf im Osten
haben sie schließlich Platz gefunden.
Ein paar Pfennig
etwas Brot
nachts Gedanken an Kanonen
und es roch nach Schweiß und Tod.

Im Westen gab es Arbeit
es pochte Leben dort aus Stahl.
Ein junger Bahnarbeiter fand sie
sie wurden Wunsch und Wahl.
Zwei eifrige Knaben wuchsen
kannten keine Bomben in der Nacht
bevor sie starb hatte der eine
ihr ein Enkelkind vermacht.
Dieses steht nun vor dem Grab und ebenso vor euch.
Kennt keine Schüsse in der Nacht
und kein Fliegerlärmgeräusch.
Kennt nur von fern ein solches Leid
doch schaut man aus dem Fenster
ist solches Leid nicht weit.
Stehe ich auf dieser Bühne
stehen andere vor der Wahl
ein kleines bisschen Hoffnung
ein kurzes Leben voller Qual.

Muss ich noch eine Moral bemühen
spricht die Geschichte nicht für sich?
Wird sie einmal freisprechen?
Und wenn ja, dann wen? So, frage ich mich.
Aus Angst wachsen die Dornen
die Rose färbt sich schwarz
weiße werden welk
und aus den Bäumen quillt der Quarz.
Es bluten die Wälder
die Vögel singen nicht mehr
nur schreien und weinen
und Tod ringsumher.

Wieder sehe ich, wie sich Länder
von einander entfernen
Fehler wiederholen
anstatt aus ihnen zu lernen.
Die alten Zeiten vergessen
denen Gemeinschaft nicht wichtiger ist
als die eigenen Interessen.
Ich sehe Mauern und Zäune
Großmutter in der Scheune
sehe Verzweiflung und Trauer
leise Schreie im dichten Schauer.
Ein Gedanke bleibt bestehen
sie haben das alles auch gesehen.
Manche Eltern derer, die heute sie bedrohen
waren einst im dunklen Winter
sind damals selbst geflohen.

Ich lege die Rose, ein stiller Beweis
auf kaltem Stein, in blütenweiß
drehe mich, schürze den Kragen
und der Wind trägt die Rose
zu weit fernen Tagen.

## Espresso

Viele Kinder schreien
wenn sie das Licht der Welt ansehen
doch er blickte nur ganz stumm
welch ein seltsames Geschehen.
Die Ärzte sagen:
„Man kann nichts machen
er muss so leben wie er ist."
Und leben tut er gerne
dass ist ihm bald gewiss.
Er lacht laut, ganz ohne Ton
spielt den Ball im Staub und Dreck
manchmal schleichen sie sich an
und nehmen ihm die Mütze weg.
Manchmal muss er deshalb weinen
doch auch das tut er ganz stumm
er lernt fleißig in der Schule
doch halten manche ihn für dumm.
Er wird älter und besucht
eines Tages die kleine Bar
bestellt einen Espresso
und von da an
bleibt er gerne da.

Und er hört nicht wie sie lachen
und er hört nicht wie sie schreien
sie versuchen ihm was zu sagen
doch die Worte holen ihn nicht ein.
Er geht gern durch die Straßen
grüßt den Mann am Kiosk jedes Mal
dann geht er weiter und er trinkt sich
seinen Espresso an der Bar.

Er ist nicht tauglich für den Wehrdienst
doch im Handwerk sehr geschickt
lernt mit Hand und Werkzeug zaubern
Schweiß und Lächeln auf dem Gesicht.
Er baut Häuser, Mauern, Zimmer
in seinem Dorf und nebenan
Kameraden achten seine Werke
auch wenn man mit ihm
schlecht reden kann.

Eines Tages, ein Haus, zwei Straßen weiter
er malocht, die Sonne brennt.
Die Tochter des Besitzers bringt Cornetti
er ihre Schönheit gleich erkennt.
Viele werben um ihre Gunst
doch manchmal passiert es wirklich so
sie hat das Herz am rechten Fleck
und er macht sie schwach und froh.
Bald darauf hört man Getuschel:
„Einen Stummen will das hübsche Kind!"
Doch wie er hört sie es nicht
nun ist er nicht nur taub und stumm
sondern sie vor Liebe beide blind.
An einem warmen Tag im Juni
kniet er wortlos vor ihr und hält
einen Ring in seiner Hand
ein paar Sekunden stoppt die Welt.

Und am Morgen vor der Trauung
macht er sich wieder auf den Weg
einmal kurz rüber zur Bar
Bart und Haar sorgsam gepflegt.
Und er hört nicht wie sie lachen
und er hört nicht wie sie schreien
sie versuchen ihm was zu sagen

doch die Worte holen ihn nicht ein.
Er geht im Anzug durch die Straßen
grüßt den Mann am Kiosk, wie jedes Mal
dann geht er weiter und er trinkt sich
seinen Espresso an der Bar.

Man sagt, es braucht nicht viele Worte
manchmal braucht man sogar keine
ihre Blicke sagen alles
ihre Blicke sind auch seine.
Bald schreit es in der Stube
hell und laut für jedes Ohr
nur er sieht nur seinen Sohn
hebt ihn aus der Wiege sanft hervor.
Danach folgt noch eine Tochter
wunderschön wie Mutter auch
die Jahre gehen glücklich
und täglich geht er auch
grüßt den Mann am Kiosk jedes Mal
dann geht er weiter und er trinkt sich
seinen Espresso an der Bar.

„Mussolini, großer Duce!"
Sein Sohn wird ein Faschist.
Er möchte mit ihm reden
doch selbst wenn er könnte, hört er's nicht.
Voller Stolz und frisch gebügelt
trägt er seine Uniform
und als alle schießen, will er kämpfen
Mutter weint und winkt ganz vorn.
Er steht daneben und sagt gar nichts
lange Zeit geht alles gut
dann kommt ein kurzer Brief
und es folgen Leid und Wut.

Und er hört nicht wie sie flehen
und er hört nicht wie sie schreien
er hat versucht es ihm zu sagen
jetzt ist sein Sohn so kalt wie Stein.
Er geht noch durch die Straßen
Grüßt den Mann am Kiosk jedes Mal
dann geht er weiter und er trinkt sich
seinen Espresso an der Bar.

Sie ist lange Zeit untröstlich
er kommt sich verloren vor
doch die Tochter macht es besser
nimmt einen Bäcker und keinen Major.
Wieder hört man Babys schreien
und wieder hört er sie nicht.
Er steht nur vor der Wiege
sieht seiner Enkelin Gesicht.
Es folgen noch zwei mehr
sie werden älter und bald darauf
gibt er nach fast 50 Jahren
seine geliebte Arbeit auf.
Nun hat er vielmehr Zeit
geht am liebsten still umher
manche denken, er hat Langeweile
doch er liebt Spazieren sehr.

Und er hört nicht wie sie lachen
und er hört nicht wie sie schreien
sie versuchen ihm was zu sagen
doch die Worte holen ihn nicht ein.
Er geht gern durch die Straßen
grüßt den Mann am Kiosk jedes Mal
dann geht er weiter und er trinkt sich
seinen Espresso an der Bar.

Sie ist alt und schwach
für ihn noch immer wunderschön
doch sie kann kaum noch Pasta machen
und bald auch kaum noch stehen.
Er ist bei ihr, wenn sie ihn braucht
Dankbarkeit erhellt das Haus
eine kurze Nacht
ein letztes Röcheln
dann trägt man sie hinaus.
Vor dem Grabe hört man Weinen
er selber weint nur stumm
glaubt mir, er war so vieles
doch ganz bestimmt war er nicht dumm.
Er war ehrbar und stets ehrlich
Er war treu
bewahrte stets ein gutes Herz
und sie fühlten alle mit ihm
jede Träne, jeden Schmerz

Doch er hört nicht wie sie schluchzen
er sieht nur wie sie weinen
er versucht ihnen was zu sagen
doch die Worte holen sie nicht ein.
Er geht noch durch die Straßen
jeden Sonntag zum Grab ein Blumenpaar
dann geht er weiter und er trinkt sich
seinen Espresso an der Bar.

So still und stumm
wie er einst kam
ging er schließlich auch daheim
ein letztes Lächeln
zwischen Falten
und leise schläft er ein.

Am nächsten Morgen sagt der Priester
als man ihn begräbt:
„Ich hab von ihm soviel gehört
jetzt wo sein Herz erst nicht mehr schlägt
er hat mir soviel gesagt
obwohl er niemals mit mir sprach."
Seine Tochter und ihr Mann
legen Rosen auf das Grab.

Und er hört nicht wie sie weinen
sein Name graviert auf dem Grabstein.
Er trinkt den Espresso jetzt dort oben
und die Worte holen ihn endlich ein.
Und geht man heute durch die Straßen
hört man von einem auch manchmal
seinen Namen und die Geschichte
von dem Espresso an der Bar.

# Was wird sein?

Was wird sein?
Die Frage stellt sich mir
stehe ich vor einer Klasse
und betrachte jetzt und hier
ob ich nicht was verpasse.
So viele Kinder unterschiedlich
tobend, lachend, weinend friedlich.
Was wird sein?
So wie sie sind
das frag' ich mich bei manchem Kind.

Anna ist sehr einsam
und nicht wirklich akzeptiert
immer wird sie von den Zicken in der Klasse eiskalt
abserviert
und auch sie ist ziemlich anhänglich
und das nervt nicht nur ihre Mitschülerinnen
sondern auch manchmal mich.
Ich versuche ihr zu vermitteln
du bist wertvoll schon an sich
vertraue
auf dich.
Ich wünsche ihr, sie finde bald
eine beste Freundin, die sie nimmt
wie sie ist und zu ihr hält
und dann findet sie bestimmt
auch einen Mensch, der zu ihr passt
der sie sieht im besten Licht
und das wird noch etwas dauern
denn aktuell mag sie Jungs nicht
sie sind fies und gemein
und Küssen ist auch ekelig

doch vielleicht kommt auch alles anders
ich weiß es nicht.
Janina ist ein frohes Kind
lieb und aufgeweckt
sie spielt gerne Fußball
und fällt auch gerne mal in Dreck
und sie hat einen besten Freund
den sie, wenn er mal fehlt, sofort vermisst
und es stört sie nicht
dass dieser beste Freund ein Junge ist.
Sie trägt ihre Haare kurz
und trägt überzeugt kein pink
erst Recht noch keinen Kajal
was die anderen Mädchen bequatschen
ist ihr meistens ganz egal.
Ich sehe sie, wie sie glücklich ist
doch frage mich manchmal:
Was wird sein wenn sie älter ist
läuft es dann so weiter optimal?
Oder wird sie von unserer Gesellschaft
irgendwann bei manchen
nicht mehr akzeptiert
wenn sie sich nicht mehr
wie ein typisches Mädchen aufführt?
Wird sie ihr Leben leben können
was immer es dann auch ist?
Gemeinsam habe ich mit euch
dass ihr es ebenfalls nicht wisst.


Für Leon gilt nur seine Sicht
und die ist recht verengt
inhaltlich kommt er in der Schule klar
ist äußerst intelligent
oder zumindest erfordert er theoretisch
die Anforderungen, die man ihm stellt

doch leider denkt er viel zu oft
es gäbe nur seine Sicht der Welt.
Er hat besonders bei den Mädels
bereits eine kleine Gruppe Fans
doch leider mangelt es ihm stark
an sozialer Intelligenz.
Seine Sprache ist hart, respektlos
oder schlicht Gewalt
manchmal auch ganz lieb und höflich
aber nicht dann, wenn es knallt.
Er kann sich kaum hineinfühlen
in jemand andern
und denkt, alles laufe gegen ihn
würde ihn heimlich unterwandern.
Manchmal wenn er störte
nahm man ihn heraus
es kracht oft in der Schule
oder im Elternhaus.
Was wird sein, wenn er Erwachsen ist?
Wird er, wenn er Kinder hat
auch im Streit es niemals wagen
seine Hand zu heben?
Oder wird er, wie sein Vater einst
im Notfall auch mal schlagen?
Rutscht er irgendwo hinein
rutscht die Hand ihm manchmal aus?
Doch vielleicht wird er genau so
schließlich ein ganz erfolgreicher Star
in seiner Branche, seinem Fachgebiet
oder politisch oder künstlerisch so gar
weil womöglich manch bekannter Mensch als Kind
Leon sehr ähnlich war.

Lina ist ziemlich schüchtern
sie meldet sich fast nie

manchmal nur erahnt man
ihre große Fantasie
wenn sie sich in Welten malt
die keiner je gesehen
doch ist es nicht die ferne Welt
sondern zur Schule gehen.
Sie hat es nicht leicht in dieser lauten
und verwirrten
Welt, die gemacht ist für die eher extravertierten.
Sie wird sich wohl beugen müssen
wird sie darunter leiden?

So begleitet und bereitet
habe ich sie dann vor mir.
Unterrichtend hier verdichtend
berichten tu ich hier.

Doch nach vier Jahren muss ich weichen
so gehen viele Fragezeichen
in die große Welt hinaus
und wie es weitergeht
das finde nicht ich
sondern sie dann bald heraus.

## Blick auf die Sterne

Je länger ich mich zurückerinnere
desto kürzer fallen meine Gedanken aus
fallen meine Gedanken aus
meinen Erinnerungen.

Er fragt:
„Willst du noch einen Moment mitkommen?"
Ich sage: „Ja, Moment.
Ich gehe noch eben auf meine Baracke
hole mir noch eine Jacke."

Es ist dunkel, wie die Gedanken
die man kennt
bahnen uns einen Weg durch das Feld
aus der Zeit, im Moment
ausgezeichnet, aus der Welt.

Vor uns erscheint eine Bank
wir nehmen Platz
wechseln bedächtig einen Satz
und den Kopf nach hinten gelehnt
eine Anekdote erwähnt
wir liegen einfach da
schauen in den Sternenhimmel
die Nacht unfassbar klar
wir sind uns unfassbar nah
nicht wichtig, was mal war.

Wir fangen an zu flüstern
um die Stille nicht zu stören
mit dem Blick auf die Sterne
uns leise zuzuhören

jeder Laut erklingt andächtig
wie die Stille, die hier nächtigt
seine Worte fallen sanft wie Schneeflocken
während wir an diesem Abend
auf dem Feld in Taizé hocken.

Er benutzt die englische Bezeichnung
doch ich ahne, was er meint
erzählt wie oft seine Gedanken tanzen
während der Mond auf uns scheint.

Erzählt wie abends ihn oft
die Erschöpfung übermannt
wegen dem, was sein Kopf tagsüber ungefiltert hat
erkannt.
Doch hier, so sagt er
und seine Stimme wird noch etwas leiser
fühlt er sich viel befreiter.

Und wo hin ich schaue
nur kleine leuchtende Punkte
im unglaublichen Tief
war es Schicksal, Zufall
oder jemand der uns rief?
Ich empfinde eine Dankbarkeit
die irgendwo in mir wächst
Und in diesem tiefen Frieden
endet dieser Text.

# 5. Kapitel

## *Leuchten*

...
...
...

.......................................................

...
...
...
...
...
...
...
...

„Herr, wohin sollen wir gehen?
Du hast Worte des ewigen Lebens."
(Joh 6,68)

# Über mir

Auf die Welt gekommen
erster Blick ins helle Licht
erster Atemzug und Schrei
erster Blick in ein Gesicht.
Zu dir blickt deine Mutter
voll Erschöpfung und Dankbarkeit
die Hebamme macht derweil
die Waage für dich bereit
wo sie dich wiegt und misst
und sie dich dann sanft zur Mutter legt
und dein Vater ist's
der glücklich gebeugt über dir steht.

Knochen wachsen, Windeln wechseln
Worte fallen, du stehst auf
lernst zu laufen, lernst zu kämpfen
gibst Milch und die Windeln auf.
Kommst in den Kindergarten
siehst die anderen erst spät
nun bist du wieder klein
weil jeder über dir steht.

Das Spiel wiederholt sich
jetzt beginnt die Zeit des großen Strebens
warst du groß, wirst du wieder klein
willkommen, Ernst des Lebens.
Spürst den Druck und die erschwerten
Anforderungen dieser Autorität
und der Lehrer wird dich bewerten
weil er über dir steht.

Bist du fertig, machst du Kohle
Eltern weg und Lebenstraum,
der Chef sagt: Steh auf und hole
dies für meinen Lebensraum!
Willst die Welt verändern
doch du weißt nicht, wie das geht
weil es immer jemanden gibt
der über dir steht.

Männer gelten als die Starken
Frauen bleiben hinten dran
nicht auszudenken, mit welch Geschenken
die Welt, sonst anders sein kann.
Klima wird aggressiver
Feindschaft wieder attraktiver.
Kommst du von woanders
nimmt der Vermieter dich als letztes
und sie kümmerten sich nicht um dich
als du dich verletztest.
Das liegt nicht in deiner Hand
weil du eigentlich keine hast
wir sind alle abhängig
fragt sich nur von was.
Geburt, Kindergarten, Schule
Ausbildung, Universität
es gibt immer irgendjemanden
der über dir steht.

Worauf habe ich Einfluss?
Wer zieht hier die Fäden?
Wer reguliert die ganzen Preise
in den Lebensmittelläden?
Mein Handy weiß mehr über mich
als ich selber und noch mehr
und mein Kopf ist wie der Beginn der Erde
dunkel, wüst und leer.

Keine Gefühle, keine Einsicht
ist die Wahrheit nur verdreht
fragt nicht mich
fragt jeden einzelnen
der über mir steht.

Jeden einzelnen?
Dabei, sind es doch maximal drei.
Oder eine, je nachdem
ist die Lösung für mein Problem.
Seid ich ihn kenne
fühl ich Freude
bin geborgen und gehalten
ihre Hände halten mich
und wärmen meine kalten.
Er ist bei mir wenn ich Zweifel
wenn mein Spiegelbild beschlägt
ist der, der er ist, die mich hält
der mich hütet und mich trägt.

Vieles erscheint mir groß
ich bin klein in dieser Welt
doch ich bin ein Geschenk
für uns wird der Champagner kalt gestellt.
Ich weiß wir machen vieles falsch
scheitern an anderen
und vor allem an uns selber
doch uns wurde längst vergeben
sind seine Schafe, seine Kälber.
Ich kann bei all den Widrigkeiten
die mein Leben hier bedrücken
jederzeit anhalten und die Pausetaste drücken.
Und ich lege alle meine Sorgen
und Gedanken in dein Gebet
denn es gibt immer jemanden
der über mir steht.

## 95 Lutherthesen
(nach „99 Luftballons" von „Nena")

Hast du etwas Zeit für mich
singe ich ein Lied für dich
von 95 Lutherthesen
und der daraus neue Horizont.
Denkst du vielleicht grad an mich
dann singe ich ein Lied für dich
von 95 Lutherthesen
und das so was von so was kommt.

95 Lutherthesen
wie sie niemals dagewesen
hielt man in Rom für ne Gefahr
darum schickte Papst Leo gar
'ne Bischofsgruppe hinterher
Alarm zu geben wenn's so wär.
Es betraf die Ablassspesen
die 95 Lutherthesen.

95 Lutherthesen
der Verfasser ist vogelfrei gewesen
versteckte sich als Junker Jörg
in Eisenach statt Wittenberg.
Die Obrigkeit hat nichts gerafft
und fühlte sich gleich angemacht
dabei sollten nur alle lesen
Bibel und die 95 Thesen.

Dann die gierig Kirchminister
ein Streichholz im Benzinkanister.
Wenn das Geld im Kasten klingt
die Seele aus dem Feuer springt.
Riefen Krieg und Kirchenmacht
man, wer hätte das gedacht?

Es formte sich ein Protestantenwesen
wegen 95 Lutherthesen.

500 Jahre ist es her
heute gedenken wir dem wieder.
Nicht alles waren Heldentaten
Worte und auch Kirchenlieder.
Heute ziehe ich mal ne Runde
sehe Freud und Leid beinander liegen.
Hab ne Kerze angezündet
anstatt Angst muss Liebe siegen.

## Kirchenkonferenz (evangelisch)
(in Anlehnung an die ARD-Bundesligakonferenz)

Es ist der 24. Dezember, es ist Heiligabend, 15 Uhr und es ist Kirche!
Willkommen in der EKD Kirchenkonferenz.

Wir sind zu Gast in der Christuskirche. Ein richtiges Gipfeltreffen wird heute erwartet, wir sind gespannt und wir erwarten heute einen hoffentlich tollen Gottesdienst.
Die Christuskirche ist zum ersten Mal seit der Konfirmation im Frühling wieder ausverkauft. Knapp 300 Leute, selbst die oberen Ränge sind bis zum letzten Platz gefüllt.

Es herrscht eine tolle Stimmung. Sehr festlich, viele Kinder heute in der Kirche, rutschen ungeduldig auf ihren Plätzen umher, können es kaum erwarten, dass der Gottesdienst anfängt, denn im Anschluss warten ja auch noch die Geschenke auf die Kleinen.
Die Ultras, die sogenannten Alles-Gänger, die man in jedem Gottesdienst trifft, in den ersten Reihen, direkt davor die Kinder, die dieses Jahr das Krippenspiel gestalten. Haben sich in wochenlanger Arbeit wieder eine tolle Choreographie für diesen Gottesdienst vorbereitet, die sie wahrscheinlich kurz nach Beginn präsentieren werden.
Ganz hinten - wie immer - die Konfis, die neben der Bescherung vor allem auf ein Autogramm warten, das sie sich nach dem Gottesdienst für ihre Anwesenheit erhoffen.

Kurz zur Aufstellung: Der Gottesdienst heute
ohne Taufe und ohne Abendmahl. Die Taufe ja
schon seit mehreren Woche nicht mehr
eingesetzt, beim Abendmahl ist es nur eine
kurze Pausierung. Das wird geschont, morgen
ist ja bereits der nächste Gottesdienst am
ersten Weihnachtstag, da wird es dann wieder
zum Einsatz kommen. Das ist sicherlich auch
keine einfache Aufgabe und dann am nächsten
Sonntag steht  bereits der nächste Gottesdienst
auf heimischen Boden an.

Also, hier tolle Stimmung, knapp 16 Grad,
ausgezeichnete Bedingungen und in diesem
Moment beginnt das Orgelspiel.
Also der Gottesdienst hat begonnen, der Pastor
wie gewohnt ganz in schwarz predigt von
vorne nach hinten, jetzt mit den ersten
Ansagen, wirkt frisch, redet mutig nach vorne
und das Publikum?
Wirkt ein wenig abwartend, versucht erstmal
in diesen Gottesdienst reinzufinden, überlässt
dem Pastor das Wort, der jetzt eine geschickte
Überleitung zum ersten Lied findet, welches
ebenfalls von der Orgel eingeleitet wird.
Die Orgel, dessen Restaurierung im letzten
Sommer ja ein Vermögen gekostet hat, war gar
nicht so einfach, diese Summe zu bezahlen um
einen längeren Einsatz in dieser Kirche zu
ermöglichen, aber letztendlich sind sie hier
doch alle froh, dass die Orgel, der Gemeinde
erhalten bleiben konnte.
Ebenso wie der Pfarrer, hatte das Angebot zur
Missionierung in eine südafrikanische
Gemeinde zu wechseln, um dort ein Team an
vorrangig jungen Menschen zu Gott zu führen,

hat sich dann aber letztendlich doch entschieden, hier zu bleiben, hat seinen Vertrag mit dieser Gemeinde verlängert, worüber alle Kirchenmitgliederinnen und - Mitglieder natürlich sehr froh waren.

Jetzt der Pfarrer und das Publikum mit Wechselsprechchören, der Pfarrer sehr konzentriert, nimmt den Gottesdienst ernst, versucht auch schon hin und wieder mit kleinen Impulsen die Aufmerksamkeit an sich zu reißen, das gelingt ihm auch bislang ganz gut.
Jetzt wird das zweite Lied angestimmt, ein wohlüberlegte Liedauswahl, angestimmt von den Vorderreihen, doch auch die Hinterreihen schalten sich mit ins Geschehen ein.
Jetzt auch die Klingelbeutel im Einsatz, tanken sich über die linken und rechten Kirchenflügel durch, werden immer wieder gestoppt und dafür gibt es in den allermeisten Fällen auch Geld. Bares Gelb statt Karte, soweit möchte man an dieser Stelle doch nicht gehen.
Jetzt wird der Klingelbeutel allerdings nochmal gestoppt von dem gleichen Herren auf der linken Seite! Der hat schon Geld gegeben! Überlegt kurz und belässt es dann doch dabei. Also Pech in dieser Situation für die Gemeinde, da wäre auch mehr als Geld möglich gewesen.

Jetzt gibt es den ersten Wechsel vorne. Die Presbyterin, eine sehr erfahrene Kirchgängerin übernimmt das Mikro und beginnt mit einer Lesung. Schön vergetragen, gute Betonung, da merkt man ihre ganze Erfahrung, ihre Sicherheit, das ist schon richtig gut!

Jetzt wieder zum Pfarrer abgegeben, der nimmt deren Worte auf, treibt sie bereits in Richtung der anstehenden Predigt zu, stoppt dann aber und es gibt ein kurzes Gebet. Da dachte man schon, jetzt kommt die Predigt, aber im Ende fehlte da doch der Zug zur Kanzel und somit erstmal dieses Gebet.

Gebet kurz ausgeführt, jetzt die Kinder der ersten Reihe, präsentieren ihre angekündigte Choreographie. Schönes Krippenspiel, verlagert auf die rechte Kirchenseite, schön gespielt von den Kindern, von denen ja viele noch ganz jung sind, spielen sonst eher im Kindergottesdienst, sind also heute zum ersten Mal im Aufgebot dieses Gottesdienstes und machen ihre Sache bislang sehr souverän. Jetzt kleiner Stockfehler eine Kindes, Aufmerksamkeitsverlust des Publikums, doch sofort wiedererkämpft durch ein weiteres Kind aus der zweiten Reihe, schön gemacht, holt mit einer sehr lustig geführten Rede die Aufmerksamkeit der Gemeinde wieder zu sich. Das Ganze jetzt auch schön zu Ende gespielt, letzter Satz, ein Kind ringt sich durch, scheint nervös und da verspringt ihm ganz unglücklich der letzte Satz. Das ist bitter, Teile der Gemeinde lachen, doch das Kind schaut unglücklich, wirkt verletzt und tatsächlich, das Krippenspiel wird kurz unterbrochen und das Kind muss von der Gemeindepädagogin mit tröstenden Worten behandelt werden, kann aber weiterspielen und jetzt gibt es noch einen letzten Satz und dann ist die Hälfte dieses Gottesdienstes auch schon rum.

Die Kinder bislang ebenso wie der Pfarrer mit einer ansprechenden Leistung, ebenso wie die Gemeinde. Sie werden sich aber beide noch steigern müssen, wollen sie heute mit einem guten Gefühl nachhause gehen.

Weiter geht's, gab nur eine kurze Unterbrechungspause nach dem Ende des Krippenspiels. Jetzt der Pfarrer wieder vorne, nähert sich der Kanzel, betritt die Kanzel, könnte beginnen zu predigen und da ertönt ein Knacken im Mikrofon!
Ja, sehr gut vom Pfarrer gesehen, das Mikrofon zu aktiveren, bevor man anfängt. Es entsteht ein kurzes Gemurmel, dass sich jetzt wieder legt und damit ist die Predigt freigegeben.
Der Pfarrer tritt an in der Kanzel und will natürlich, diese Predigt versuchen zu halten. Er ist ein sehr sicherer Prediger, hat die letzten zwölf Predigten alle gehalten. Rekordwert in dieser Gemeinde. Davor war er allerdings zwei Wochen krank, weshalb ihm die beiden Predigten dort sehr unglücklich durch die Lappen gingen. Im Sommer war er drei Wochen im Urlaub, diese Predigten waren dann für ihn auch unhaltbar.
Also: Der Pfarrer macht sich bereit, die Menge schaut erwartungsvoll, der Pfarrer wartet ab, sieht die Bibel, die Bibel wird aufgeschlagen und er hält!

Er hält auch diese Predigt. Ganz stark macht er das wie er die Gemeinde grüßt und sie jetzt einberuft auf den dreieinigen Gott, lässt da den Zweiflern keine Chance und hält diese Predigt.

Jetzt sind wir natürlich gespannt, wie die Gemeinde darauf reagiert. Hört sie weiterhin offensiv zu oder geht sie jetzt mehr in die Defensive?

Predigt mit gutem Aufbau, erstmal rübergespielt zur Gemeinde, dessen Lebenswirklichkeit auf der anderen Seite der Kirche miteinbezogen, da muss man jetzt mehr drausmachen. Bibelstelle zitiert, Thema benannt, alles sehr abgeklärt, doch jetzt die Predigt, an dieser Stelle ein bisschen fahrig, zu zerfahren, findet nicht immer die passende Überleitung, muss jetzt aufpassen, dass er hinten die Aufmerksamkeit der Kirchgänger nicht doch noch hergibt.

Aber die Gemeinde ebenfalls sehr passiv in diesen Minuten, zeigt kaum Initiative, gelegentlich ist mal ein Räuspern oder ein Husten zu hören, ansonsten kommt nicht viel von beiden Seiten.

Der Gottesdienst plätschert jetzt so etwas vor sich hin, beide Seiten wollen kein zu großes Risiko eingehen, beide könnten mit diesem Ergebnis momentan auch gut leben.

Und es macht sich auch eine Unruhe unter den Gemeinden breit, vereinzelt sind Flüsterlaute zu hören, einige scheinen momentan nicht interessiert an dem was der Mann ganz in schwarz dort oben auf der Kanzel für eine Leistung bringt.

Die Predigt verpufft bei vielen letztendlich ohne große Wirkung, viele gute Ansätze zu sehen, aber insgesamt noch zu harmlos, um wirklich was bei den Herzen der Menschen bewegen zu können.

Jetzt wieder ein gemeinsames Lied, ein Lobpreislied und die Ultras singen jetzt laut mit, einige heben ihre Arme nach oben. Sie untersützen ihren Pfarrer, ihre Gemeinde, sind stimmungsvoll dabei, die Gemeinde wirkt teilweise noch etwas verhalten, aber auch sie singen mit. Die letzten Töne des Liedes erklingen, was wird hier noch geschehen, die Spannung ist spürbar, die Kinder rutschen weiterhin ungeduldig auf den Sitzbänken herum, die ersten Konfis schielen unauffällig auf ihre Handys.

Jetzt aber, der Pfarrer wieder vorne, macht einen Schritt zum Mikro und was macht er? Er gibt den Schlussegen!
Unfassbar! Damit hätte an dieser Stelle kaum einer gerechnet! Es sah so nach einer harmlosen Ansage aus, doch jetzt gibt es den Schlusssegen, wie es scheint. Und jetzt werden die Kinder natürlich noch ungeduldiger, so kurz vor dem Ende.

Doch was ist das? Der Pfarrer hält inne, bespricht sich vorne kurz mit der Presbyterin, geht jetzt hinten Richtung Altar und schaut sich den Ablauf des Gottesdienstes nochmal auf seinem Liturgiezettel genau an.
Also, der Liturgiebeweis wird eingefordert!
Die Gemeinde natürlich unruhig, verunsichert, was heißt das denn jetzt?
Der Pfarrer schaut weiterhin auf den Zettel, vergewissert sich und jetzt dreht er sich um, räuspert sich und gibt nach dem Liturgiebeweis diesen Segen nicht!
Er nimmt nach Liturigiebeweis diesen Segen

zurück und gibt stadtdessen Fürbitten!
Also Fürbitten werden jetzt vorgetragen, die
Gemeinde bestärkt ihn darin mit ihren
Zwischenrufen. Meiner Meinung nach eine
kritische Eintscheidung, diesen Segen nicht zu
geben. Man hätte aus meiner Sicht an dieser
Stelle auch weiterlaufen lassen können, da es
keine klare Fehlentscheidung war, aber die
Liturgie hat entschieden und dementsprechend
laufen jetzt die Fürbitten.
Es wird noch einmal gewechselt, ein weiterer
Presbyter kommt nach vorne, führt die
anschließende Fürbitte auch direkt aus und
ordnet sich anschließend wieder diszipliniert
in den Reihen der Gemeinde ein, die heute im
bewährten Sitzsystem sehr sicher auf den
Kirchbänken sitzt, keine allzugroßen Lücken in
ihren Reihen lässt, das sah gerade in den
letzten Wochen oft ganz anders aus, da waren
gerade die hinteren Reihen des Kirchgebäudes
oftmals nur in schwacher Besetzung.

Fürbitten jetzt ausgeführt, es bleibt nicht mehr
viel Zeit, die letzten Ansagen werden gemacht.
Man merkt, dass die Kräfte schwinden, die
erneute Einladung zum Abendgottesdienst jetzt
schon nicht mehr mit soviel Durchschlagskraft
vorgetragen, wie noch zu Beginn des
Gottesdienstes.
Klar, es war ein langer Gottesdienst, man ist
geschafft auch durch die vielen englischen
Wochen mit Weihnachtsfeiern und
Weihnachtsbaum kaufen. Das spürt man auch
hier in diesen letzten Minuten und trotzdem
hofft die gesamte Kirche noch auf einen Lucky
Punch in diesen letzten Minuten.

Der Pfarrer nochmal, tritt nach vorne, ist jetzt ganz alleine vorm Publikum, hat den Segen schon auf der Zunge, den muss er machen und er macht ihn!

Er gibt den Segen an die Gemeinde, mit einem schönen Schlenzer hebt er seine beiden Arme, keine Chance für die Gemeinde an dieser Stelle, der Segen trifft sie mitten ins Herz!

Ein wunderschönes Bild und es ist noch nicht vorbei! Das letzte Lied wird jetzt angezeigt. Es gibt drei Strophen. Drei Strophen werden gesungen, ist das die letzte Chance nochmal? Der Pfarrer zieht sich jetzt weit in Richtung des Altares zurück, die Orgel wird langsam angestimmt, in der Gemeinde blicken nochmal alle noch vorne, öffnen ihre Münder, Liedbeginn zunächst abgewehrt und im Hintergrund müsste die Orgel spielen, Orgel spielt:

OHHHH!!! OHHHH!!!
Oh, du fröhliche!
Der finale Gesang ist da!
Das musste ja so kommen!

Mit der letzten Aktion dieses Gottesdienstes kommt die Gemeinde doch noch einmal zum Abschluss!
Es hatte sich abgezeichnet in den letzten Minuten und jetzt stehen sie alle, nicht nur die Ultras, alle stehen, besingen so monoton wie feierlich dieses Lied zum Abschluss dieses Gottesdienstes.

Und aus, aus, der Gottesdienst ist aus!
Sie liegen sich in den Armen, die Kinder sind
nicht mehr auf ihren Plätzen zu halten, alle
beglückwünschen sich, wünschen sich ein
frohes Fest, der Pfarrer schüttelt freudig am
Ausgang die Hände, die Konfis holen sich ihre
Autogramme ab und ganz oben schaut jemand
mit einem sanften Lächeln auf diese Kirche
und auf viele andere in Deutschland und auf
der ganzen Welt.

Hier ist Schluss! Man wird sicher einiges noch
zu bereden haben. Manche Entscheidungen
der Liturgie kann man sicherlich kritisch
hinterfragen, aber alles in allem ein verdienter
Gottesdienst. Viele haben dran geglaubt und
wurden am Ende mit diesem furiosen
Schlusslied belohnt.

Was für ein Gottesdienst, meine Damen und
Herren!

Und das war sie: Die EKD-Kirchenkonferenz.

## Kirchenkonferenz (katholisch)
(in Anlehnung an die ARD-Bundesligakonferenz)

Es ist Sonntagmorgen, 10 Uhr und ich begrüße
sie ganz herzlich zur Kirchenkonferenz.
Heute aus der katholischen St. Johanneskirche
und pünktlich zur heiligen Messe.

Das Kirchengebäude nicht ganz ausverkauft,
einige Reihen sind leer geblieben.
Nächste Woche zum Topspiel am Heiligabend
wird es sicherlich wieder ganz voll sein.
Die vorderen Reihen wieder eng besetzt. Da
sitzen sie die Ultras, die jeden Sonntag ihre
Messebsuche sammeln, man nennt sie
deswegen auch „Messis".
Es sind genau die Fans, die am liebsten den
ganzen Gottesdienst lang stehen würden,
wünschen sich eine Rückkehr der Stehplätze,
haben vorhin schon einige Gesänge
angestimmt, aber jetzt ist es weitgehend ruhig
und alle warten auf den Beginn der Messe.
Vorher wurde aus dem Fanblock etwas
Weihrauch gezündet, das hängt hier immer
noch in der Luft. Die Rauchschwaden haben
sich aber mittlerweile verzogen, sodass man
freie Sicht auf das Geschehen hat.

Jetzt geht es los! Unter dem Gesang der
Kirchgänger kommen der Priester und seine
Messdiener in die Kirche. Es gibt den
obligatorischen Kuss auf den Altartisch.
Alle bekreuzigen sich vor Spielbeginn und
dann ist die Messe eröffnet.
Der Priester predigt wie immer von vorne nach
hinten, die Messdiener im bewährten System

auf den Außenflügeln.
Es geht direkt los mit dem Schuldbekenntnis,
Kyrie, nochmal Kyrie und sogar noch ein
drittes Mal und dann ist die Schuld auch schon
abgefangen!
Wer greift das auf? Kann sich da mal jemand
erbarmen? Ja, das Gloria wird aufgegriffen und
es geht direkt steil rüber zu Lesung.
Wirkt alles sehr strukturiert und
durchorganisiert was hier abläuft.
Es ist wie eigentlich immer bei diesen
Gottesdiensten ein klares System erkennbar,
die Abläufe stimmen, die Messe läuft bislang
sehr flüssig.
Jetzt die Lesung ordentlich ausgeführt, da wird
direkt mal deutlich gemacht, dass es hier heute
auch um was geht, nämlich um das Wort des
lebendigen Gottes und die Gemeinde dankt es
dem Herrn und der Priester setzt zum
Halleluja an, trifft den Ton aber nicht ganz
richtig und somit geht die Gesangseinlage
stimmlich knapp vorbei!

Jetzt eine gute Nachricht, die hier vorgetragen
wird, schön verlagert und direkt weitergespielt
auf die Predigt.
Das macht der Priester sehr gut. Der Priester
alleinstehend, ist 100% auf seine Karriere
fokussiert. Er ist auch bereits bei seiner
Ankunft in diesem Verein von möglichen
Beziehungen zurückgetreten, will sich jetzt nur
noch auf seine Karriere hier konzentrieren.
Die Predigt gerät etwas kurz, das
anschließende Glaubensbekenntnis kann die
Länge der Predigt dann doch nicht ganz
erreichen.

Dafür werden jetzt aber die Fürbitten vorgebracht, da ist die gesamte Gemeinde auch mit dabei, haben sehr gut im Blick, wofür es jeweils zu bitten gilt, eine gute Übersicht und damit geht es jetzt schon in die zweite Hälfte der Messe, wir nähern uns der Eucharistie.

Es gibt einen Wechsel, neu auf dem Altar sind jetzt die Hostien und der Kelch, sie stehen jetzt direkt neben dem Priester.
Seine Mitspieler, die Ministranten bedienen ihn auch hier wieder mustergültig, die sind ein eingespieltes Team. Oh, da gerät der eine Ministrant leicht ins stolpern! Er kann sich aber noch wieder abfangen, sodass die Messe weiterlaufen kann.
Es ist natürlich wichtig, dass hier in dieser Kirche jeder unversehrt bleibt.
Das gab es gerade in den letzten Jahrzehnten zu oft, das erst zu spät eingegriffen wurde, es wurde von Seiten der Verantwortlichen sehr großzügige Linie gehabt und selbst bei groben Foulspiel von seiten der Priester großzügig weggeschaut. Das hat jetzt hoffentlich endlich ein Ende!

In den letzten Sekunden jetzt immer mehr Seligpreisungen vorgetragen,
die Schlagzahl wird deutlich erhöht,
man merkt, dass alle Beteiligten sich nach der Eucharistie sehnen.
Doch noch ist es nicht soweit.
Der Priester jetzt mit einem sehr hohen Gebet ins Zentrum des Abendmahls reingetragen, von den Einsetzungsworte abgefangen, jetzt auch Erwähnung des Papstes, des örtlichen

Bischofs, sie alle jetzt in Gedanken versammelt.
Jetzt sind auch die Zuschauer da, die ganze
Messe mit Sprechchören zum „Vater unser", sie
erheben sich und ihre Herzen.
Und der Friedensgruß wird jetzt quer durch
die Reihe gegeben, von Hand zu Hand, nur ein
kurzer Kontakt und direkt weitergegeben.
Das läuft grade sehr gut, bin gespannt was hier
noch möglich ist.
Und der Priester jetzt neben der Hostie und da!
Die Hostie wird gebrochen. Da war eindeutig
ein Kontakt da, da braucht es keinen
Liturgiebeweis!
Das ist natürlich jetzt die große Chance doch
noch zur Eucharistie zu gelangen.
Der Priester wird es machen.
Vor ihm der Kelch und die Hostien:

Er tritt an, murmelt ein paar Worte
und VERWANDELT!

Brot und Wein verwandelt!
Nach außen hin wirkt es gleich
doch innerlich ist es nicht mehr
wiederzuerkennen!
Und die Hostie, die eben noch gebrochen auf
dem Teller lag,
verteilt sich jetzt an alle Besucher der Messe.
Und man muss sagen: Das ist hochverdient!
Er hat sich ihnen hier mit ganzem Leib und
Blut hingegeben.

Und das Publikum stimmt jetzt ein Danklied
an, wunderschön, wie jetzt die ganze Kirche
gemeinsam singt, der Priester nochmal mit
einem kurzen Schlussgebet und jetzt ist es aus!

Aus, aus!
Die Messe ist gelesen!

Wie immer ein sehr geordnetes Auftreten des
Priesters und seiner Mannschaft, hat sich keine
Unsicherheiten erlaubt und dann
am Ende blitzsauber verwandelt
das war dann letztlich die Errettung für alle
Beteiligten, die daran geglaubt hatten.

Jetzt leeren sich langsam die Ränge, es wird
noch etwas Weihrauch gezündet, das
Kirchkaffee wird vorbereitet und der Priester
geht wie immer nach der Messe rüber zu den
Fans, spricht mit ihnen, schüttelt Hände, auch
um zu zeigen, dass er trotz aller Weihe
irgendwie auch einer von ihnen geblieben ist.

Vielen Dank fürs Zuhören, einen gesegneten
Sonntag wünsche ich!
Und das war sie: Die Kirchenkonferenz.

## Keine falschen Worte

Für die damalige Zeit war es das Beste
weil alle Tage eigentlich nur schon längst
dafür bereit waren
nirgends war es nicht
die rechte Zeit.

Aufstehen, raus sehen
es sieht herrlich draußen aus
bin ich ehrlich, nicht ganz herrlich
doch dafür gehe ich jetzt ja raus
um dich zu treffen,
und die Anderen da draußen.
Wir reden über die Dinge
um die sich die Wahrheiten
ganz verschieden winden
doch du hältst du zu mir
und ich kann
nach all den Jahren meinen Frieden finden

Ich kann nicht beschreiben
was mich all die Jahre hier behält
weil es unbeschreiblich ist zu sagen
was mir an dir gefällt
fällt es mir schwer, tiefe Gedanken zu sagen
ich will nicht nur deine Hände halten
ich möchte dich auf Händen tragen.

Keine falschen Worte
keine Sätze, die nicht richtig sind
du schaust mich an und sagst:
„Du bist mein geliebtes Kind!"
Du sagst: „Ich habe dich schon erkannt
als noch keiner sonst dich erkannte
ich war für dich da

als dich keiner zu dir bekannte
ich habe mit dir geweint
als die Trauer dich ummannte
ich habe geschrien
als ich einsam mit dir rannte.

Ich habe Tränen gelacht mit dir
immer wieder, immer wieder
ich lausche deinen Worten
und ich singe deine Lieder
ich bin dein großer Fan
auch wenn du dich verhältst
als würdest du mich nicht kennen."

Und ich merke: Du erwählst mich
Gutes zu tun, in dir zu ruh'n
laufen in deinen Schuhen
nur du hast immer wieder die Gabe
mich so aufs Neue zu begeistern.

Ich sehe was mal werden könnte
in kleinen Kinderaugen
wenn sich zwei Menschen fest umarmen
und ich freue mich zu sehen
wohin das alles führen wird
wenn es ein Ende von dem Hassen geben wird
und die Verführung stirbt.

Alle Tränen werden abgewischt
ein unfassbarer Gedanke
diese Demut lässt mich schwinden
ich wanke, doch ich falle nicht
du fällst auf, ich schaue auf dein Gesicht.
Keine falschen Worte
Tage kommen, Tage gehen
mit dir an meiner Seite.

# Epilog

Wetterleuchten wurd' betrachtet
Wort für Wort vor Ort beachtet
war es das, was ihr gedachtet?

Nun, ich hoffe es hat gefallen
zumindest manches oder von allen
nur Worte wie Wetter, Blitz, Donner
Wolken und Leuchten
die rannten, weinten, lachten und keuchten
doch hoffentlich nicht weniger wert
denn Worte sind, was die Seele nährt.

Nun wünsche ich fürs weitere Leben
möge es immer eine Eisdiele geben,
ein schattiges Plätzchen, eine Palme am Meer
genieße das Leben
beschenkt euch so sehr.